LE
PAYS BRIANÇONNAIS

De Briançon au Viso ⤙⤙⤙⤙⤙

La Vallée de Névache et le Queyras

⤙⤙ GRENOBLE ⤙⤙

A. GRATIER et J. REY, Editeurs

LE PAYS BRIANÇONNAIS

HENRI FERRAND

Les *Montagnes Dauphinoises*

Le Pays Briançonnais

DE BRIANÇON AU VISO
LA VALLÉE DE NÉVACHE
— ET LE QUEYRAS —

Ouvrage orné de 154 gravures imprimées en phototypie

GRENOBLE

Librairie A. Gratier et J. Rey, éditeurs

1909

Au Docteur

AUGUSTE VAGNAT

ancien Maire de Briançon

SÉNATEUR DES HAUTES-ALPES

*A toi, mon vieux camarade, je dédie cette
description des montagnes au milieu desquelles
tu es né et dont tu as si bien cultivé l'amour.*

*Briançonnais de naissance et de cœur, Dau-
phinois de la vieille race, c'est en hommage à
ton cher pays comme en souvenir de nos
communes années d'études que j'inscris ton
nom en tête de cette œuvre consacrée à la gloire
de nos belles Alpes.*

H. FERRAND.

L.e Supplice d'Andromède. — Bas-relief païen trouvé à Briançon

LE PAYS BRIANÇONNAIS

DE BRIANÇON AU VISO

LA VALLÉE DE NÉVACHE ET LE QUEYRAS.

PRÉFACE

Les vicissitudes de la montagne. — Les alpinistes d'avant l'histoire. — Centres alpins et voies de communication. — Quariates et Queyras. — Le premier tunnel des Alpes.

———

Les montagnes sont vieilles comme le monde, et cependant nous ne savons presque rien sur elles. Nos aïeux, pour qui elles n'étaient qu'un sujet d'effroi se sont bien gardés d'en écrire, et tandis que les vicissitudes des plaines d'Egypte ou d'Assyrie nous sont connues depuis plus de six mille ans avant notre ère, quelques lignes des auteurs latins forment tout le bagage de nos connaissanses anciennes sur les Alpes.

Au travers de la barrière qui entourait leur Cisalpine, les Romains ne connaissaient que quatre passages, le Grand Saint-Bernard (In summo pennino *ou* In Alpe Summâ), *le Petit Saint-Bernard* (In Alpe Graiâ), *le Mont Genèvre* (Mons Matrona *ou* In Alpe Cottiâ), *et la terrasse de la Turbie* (In Alpe Maritimâ). *Ajoutons-y le* Cremonis jugum *(le Crammont ou le col de la Seigne) et le* Vesulus Mons *(le Mont Viso), plus tard, le Mont Adule, et nous aurons indiqué toute leur terminologie alpine.*

Pourtant ces Alpes dont ils parlent si peu étaient habitées, et des vestiges fort anciens, par hasard exhumés, y ont fait constater de ci de là des agglomérations remontant à l'âge du bronze et même à l'époque de la pierre polie. Sur les plateaux de Saint-Jean de Belleville, en Savoie, on a retrouvé la sépulture de pasteurs des Alpes qui unissaient les parures de bronze aux ustensiles de pierre. Aux confins du Queyras, près de Guillestre, la station préhistorique de Panacelle a livré aux savants un important cimetière de l'âge du bronze. Bien d'autres découvertes de ce genre ont été signalées un peu partout, à Ornon-en-Oisans, à la Monta, au Raux, à Arvieux-en-Queyras, sans compter toutes celles qui ont été obscurément détruites par l'ignorance et la cupidité des paysans. A une époque plus récente, des monnaies romaines, des débris de poteries, surtout la fameuse inscription des Escoyères, ont démontré que la domination romaine s'était établie même sur les hauts plateaux et sur les gorges reculées de la chaîne des Alpes.

Il est aujourd'hui hors de doute que dans les temps anciens les montagnes boisées, revêtues du manteau protecteur des forêts, possédaient un climat plus égal et plus tempéré. L'homme, d'ailleurs moins exigeant et plus robuste, pouvait donc y vivre plus aisément et plus haut que de nos jours, et il est avéré qu'il y avait créé de nombreuses et importantes agglomérations.

Ces agglomérations, même si elles étaient indépendantes, ne pouvaient subsister sans relations entre elles, et des chemins, simplement muletiers, les réunissaient, dont l'ensemble et la continuité formaient de véritables routes à travers les Alpes. Evitant les fonds de vallées généralement marécageux ou ravagés, et coupés par des étranglements infranchissables, ces routes s'affirmaient d'ordinaire sur les hauteurs. En dehors des simples communications de village à village elles étaient suivies par les marchands et les échangistes qui se transportaient de proche en proche, même par des équipes d'artisans, des sortes d'ouvriers d'art, et l'une des plus curieuses, parmi les trouvailles que l'on a faites, a été celle de dépôts ou de cachettes de fondeurs de bronze[1]. Ces courants changeaient de direction suivant l'objet de leur commerce, et il y avait la route du sel, la route de l'ambre, et surtout la route de l'étain qui passait par notre région, et dont Embrun, Eburodunum, était un des principaux marchés.

Ces routes bien connues, jalonnées de lieux de repos, sinon d'auberges, sur tout leur parcours, ne cherchaient qu'à raccourcir les distances et passaient aux brèches les plus basses ou les plus facilement accessibles de la barrière. Elles furent aussi parfois empruntées par les armées. D'obscures traditions rapportent à travers les Alpes le passage d'un conquérant grec ou indien, Hercule, pour d'autres Bacchus, qui ne se serait arrêté qu'à la mer, aux colonnes d'Hercule. Des faits plus précis signalent les incursions des bandes de Sigovèse et de Bellovèse[2], sans que leur itinéraire soit certain, et c'est tout ce que l'on peut entrevoir jusqu'au grand événement encore si controversé du passage des Alpes par Annibal. Son armée a franchi la chaîne en l'an 218 av. J.-C., mais où ?

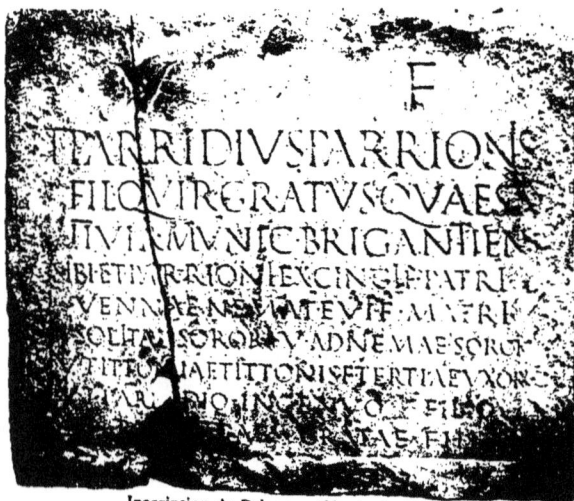

Inscription de Briançon (Musée de Gap)

1 Chantre, l'*Age du bronze,* 2e p. p. 71 ss.

2 Celui-ci aurait passé par le Mont Genèvre (Desjardins, *Géographie de la Gaule Romaine,* I, p. 84 — Tite Live, V. 34).

Petit autel du Mont
Genèvre

*Du Mont Rose à la mer, il n'est pas un col,
pas une brèche, pas une dépression de la chaîne par
où des systèmes plus ou moins ingénieux n'aient fait
passer les Carthaginois. Partout on trouve de vieilles
traditions se rapportant à tel ou tel geste d'Annibal, partout
on retrouve les quelques points signalés par Polybe, partout avec plus ou moins d'aisance on applique ses stades
et ses journées de marche.*

*Ce n'est point le cas de nous lancer ici dans la con-
troverse, et nous nous contenterons de rappeler que l'un
des systèmes les plus accrédités de nos jours fixe au col
du Mont Genèvre l'itinéraire de l'armée punique. Si les questions
scientifiques se tranchaient par un plébiscite, la discussion serait close
en faveur de notre région, car plus de la moitié des commentateurs
s'y sont ral-
liés, mais un
fait ne se
prouve pas à
coup de ma-
jorités.*

Bas-relief trouvé à Briançon (Musée de Gap)

*Nous
rentrons
dans la certi-
tude histori-
que en cons-
tatant que la
première voie
romaine à
travers les*

Alpes s'établit par le Mons Matrona (changé en Mont Genèvre au Moyen-âge) qui avait du reste été le trajet favori de César (De Bello Gallico, 1, 10. — An. 59, av. J. C.)

Au temps d'Auguste, le roi Cottius avait amélioré les communications et tracé des routes dans les Alpes. Celle du Mons Matrona avait été l'objet de ses soins, puisque dès lors la station sommitale avait pris son nom : In Alpe Cottiâ. Ce fut 5o ou 6o ans plus tard que les ingé-nieurs romains établirent la grande voie militaire de Turin à Arles, dont la Table de Peutinger nous a conservé les stations : Augusta Taurinorum (Turin). — Finibus (Avigliana). — Seguρione (Suρe). — Martis (Oulx). — Gabaone (Césanne).— In Alpe Cottiâ (Mont Genèvre). — Brigantio (Briançon). — Rama (Roche de Rame). — Eburuno (Embrun). — Catorigomago (Chorges). — Ictodurum (?). — Vapin-cum (Gap), etc.

On sait que d'autres voies rayonnèrent aussi plus tard de Brigan-tio, et notamment la voie de Briançon à Valence avec les stations : Brigantio. — Geminas (?). — Luco (Luc). — Ad Deam Vocontiorum (Die). — Augustum (Aoste) et Valentia (Valence), et la voie de Brian-çon à Vienne par l'Oisans, avec les stations : Brigantio. — Stabatione (Monestier). — Durotinco (Villard d'Arène). — Mellosedo (Mont de Lans). — Catorissium (Bourg d'Oisans). — Culabone (Grenoble). — Morginno (Moirans). — Turedonno et Vigenna (Vienne).

L'habitude des écrivains d'alors, surtout flagrante cheρ Polybe et cheρ Jules César, est de négliger les noms de lieux pour ne donner que des noms de peuples. L'Arc de triomphe de Suρe, élevé l'an 8 avant notre ère à la gloire du roi Cottius, se conforme à cet usage en donnant la liste des peuples des Alpes, et ses mentions, rapprochées de quelques autres textes, ont permis de délimiter à peu près exactement l'ha-bitat de nos pères à cette époque.

A côté des Uceni qui occupaient l'Oisans. des Ceutrons, des Médulles, des Tricoriens, des Voconces et des Allobroges, se trouvaient les Caturiges dont Chorges était la capitale, les Briciani à Briançon, et un peuple que les documents anciens, tels que l'inscription de Suρe

Arc de triomphe de Cottius, à Suze

et celle des Escoyères, nomment les Quariates. Pour ceux-là, comme pour les Uceni, leur nom est resté attaché à la vallée qu'ils habitaient, et la Quariatium vallis est devenue le Queyras.

Quel fut à ces époques lointaines le rôle, le sort des Quariates ? nous ne pouvons le savoir. Leurs hauts plateaux, leurs vallées alpestres ne communiquaient avec les agglomérations voisines que par des cols élevés, car les défilés du Guil qui forment aujourd'hui la Gorge grandiose du Queyras étaient alors infranchissables. Le passage du col Izoard qui les rattachait au centre important de Brigantio devait être leur grande route. La domination romaine s'y affirme par deux monuments épigraphiques, l'inscription des Escoyères et celle d'Aiguilles.

Aux Escoyères, maintenant hameau perdu de la commune de Château-Ville-Vieille, à 1626 mètres d'altitude, on a employé dans la réédification en 1700 d'une chapelle deux blocs de pierre où sont encore lisibles des fragments d'inscriptions latines. Restituée par les savants épigraphistes, cette inscription nous apprend qu'elle a été *destinée à un monument, élevé par un certain Bussulus, qui avait la qualité de præfectus ou gouverneur des Savincates, des Quariates et des Brigiani. C'était le fonctionnaire romain qui commandait à toute la région. (Docteur Chabrand, Les Escoyères en Queyras).*

Ce nom d'*Escoyères*, venant d'*Excubiæ, poste fortifié, le nom de Chatelard* (Castellum) *donné au hameau voisin, et cette inscription, nous montrent que là était le centre de l'établissement romain sur le Queyras, dominant bien la route du Col Izoard et le chemin qui par les hauteurs pouvait conduire à la Durance.*

Moins importante, l'inscription d'Aiguilles, stèle brisée trouvée dans le ruisseau de Penin, nous parle d'un sieur Vennonius qui aurait acquis le droit de cité. Elle est en tout cas, un nouveau témoignage de la domination romaine dans le Queyras.

Ce pays se manifeste ensuite dans le testament du patrice Abbon, l'an 739, où sont légués ses droits sur Salliaris (Ceillac), Vendanum (le Veyer), Mullinaricus (Molines), et Vuilla Vitole (Ville-vieille). Au Moyen-âge, de nombreuses chartes le mentionnent sous le nom de Quadratum (cartulaire d'Oulx), Cadratium (1265), Cadrassium (1301), etc. (Dictionnaire topographique des Hautes-Alpes, par J. Roman). Enfin en 1480 il se signala à l'attention par un fait important dont nous retrouverons les conséquences jusqu'à ces derniers jours.

Des relations fréquentes s'étaient établies ou accrues entre les vallées piémontaises et le Queyras. Elles s'exerçaient par le col de la Traversette à 2950 m. d'alt., à la proximité du Viso, et l'on comprend quelles difficultés elles avaient à braver. L'hiver et ses rigueurs venaient les suspendre pendant six mois de l'année. Mais on s'était aperçu que le haut de la barrière était fort étroit : le percer abrègerait le trajet, et prolongerait de beaucoup la période des passages. Un accord intervint entre le marquis de Saluces, seigneur suzerain de la vallée du Pô, et le Parlement de Dauphiné, et le percement fut décidé. Ce ne fut pas une mince affaire à une époque où l'usage des explosifs était inconnu. La galerie dut être forée au pic et au ciseau, mais elle fut achevée à la fin

2

de l'année 1480, et ouverte sur 2 m. de hauteur et 2 m. 50 de largeur, de façon à permettre la circulation des mulets chargés. Ce fut bien là le premier tunnel des Alpes. (L. Vaccarone, Le Pertuis du Viso).

L'orifice le plus élevé, celui du côté dauphinois, s'ouvrait à 2915 m. d'alt.; la galerie était en pente du côté piémontais pour l'écoulement des eaux, et elle avait un peu plus de 75 mètres de longueur. Cette altitude pour un ouvrage de ce genre paraîtrait incroyable, si l'on ne savait que les lieux habités avoisinants sont déjà eux-mêmes fort élevés, Ristolas d'une part à 1600 m. et Crissolo à 1330 m.

Ce fut pendant un siècle une grande amélioration au régime de ces vallées, mais le sinistre génie de la guerre en prit ombrage, et vers la fin du XVIᵉ siècle, le duc Charles-Emmanuel Iᵉʳ de Savoie fit boucher la galerie du Mont Viso. Dans la suite des temps l'infortuné passage fut rouvert, puis de nouveau fermé, on cessa de l'entretenir; sous le Premier Empire, il avait été réparé, il le fut encore de temps en temps au XIXᵉ siècle, mais les intempéries sévissent avec une telle rigueur à ces hauteurs que tantôt la galerie elle-même, tantôt ses abords devenaient impraticables. En 1906, on ne pouvait y passer qu'en se glissant à plat ventre sur un parcours de plus de 20 mètres, et malgré ces difficultés, le passage est si utile pour la haute vallée du Pô, comme pour les plantureuses campagnes de Saluces, qu'il était pratiqué plusieurs

Groupe à l'Ouverture de la Traversette

fois par jour. Le développement de l'Alpinisme attira sur cet ancien ouvrage l'attention de puissantes sociétés sportives, et en 1907, grâce au concours du Club Alpin Italien, du Touring-Club Français et de plusieurs autres collaborations, l'œuvre du marquis de Saluces put être entièrement restaurée. La réouverture de ce débouché précieux pour les vallées voisines fut inaugurée en grande pompe le 25 Août 1907, et des fêtes enthousiastes se poursuivirent jusqu'à Saluces sans interruption.

La galerie de la Traversette, si curieuse à raison de son ancienneté, est aujourd'hui le plus haut passage muletier des Alpes Occidentales, et si les automobiles ne le franchissent pas encore, la douceur de ses accès sur chaque versant lui attire une fréquentation de plus en plus considérable.

Grâce à 'elle, le Queyras si gracieux et si accueillant n'est plus une impasse, et en vue de la plus magnifique expansion de son relief, à quelques pas de cette sublime cime du Viso, elle offre un itinéraire aussi pittoresque qu'original vers les vallées italiennes.

Souhaitons que la politique ne vienne pas à nouveau la proscrire et qu'elle serve pendant longtemps de trait d'union aux montagnards des deux versants des Alpes, si bien faits pour se comprendre et pour s'aimer.

Panorama de Briançon

I

Briançon et ses environs.

La vieille ville et Sainte-Catherine. — La Gargouille et la Chaussée. — L'auréole des forts.

Il est dans la nomenclature alpine peu de noms plus anciens que *Brigantio*. Faut-il en conclure amèrement que le brigandage a été de tous les temps? Non, car justement ému de ce fâcheux renom donné à sa patrie d'adoption, un érudit queyrassin, M. le Dr Chabrand, a fait à ce sujet une bien curieuse constatation. Le mot *brigand*, avec son sens fâcheux, ne date que du XIVᵉ siècle. Ce nom désignait d'abord les soldats d'une troupe pourvue de *brigandines* (armure défensive légère, faite de lames de fer). En 1356, les Parisiens ayant eu à se plaindre de ces soldats, donnèrent par vengeance le nom de Brigands à tous les maraudeurs, le sens s'aggrava ensuite et l'acception s'étendit par toute la France, dotant ainsi la langue d'un nouveau nom. Les nombreux Briançon des

Alpes n'ont point cette fâcheuse origine, et un grand nombre de savants en voient la source dans un radical celtique, *brig*, qui signi·fierait hauteur.

Les mots celtiques sont de bonne composition ; ils ont toujours le sens dont on a besoin pour sa thèse.

Le sens prétendu est en tous cas ici magnifiquement justifié, car le Briançon de nos jours, remplaçant la station romaine qui avait sans doute succédé elle-même à un poste fortifié gaulois, occupe une éminence qui domine le confluent des vallées de la Durance et de la Guisanne.

Des soucis de défense ne furent sans doute pas seuls à déterminer cet emplacement. La Table de Peutinger, à laquelle il faut toujours se reporter pour connaître avec quelque certitude l'ancienne viabilité, nous apprend que la route de l'Oisans s'y embranchait sur celle du Mont Genèvre. Comme les routes romaines ne furent que l'amélioration d'anciens tracés, des chemins gaulois s'y croisaient. Nos lointains ancêtres pratiquaient peut-être aussi le passage du Galibier ou celui plus naturel de la Ponsonnière: le plateau qui se prononce au pied de l'éperon de la Croix de Toulouse était un carrefour, et comme il dominait au loin, les maisons des cultivateurs, des pasteurs et des marchands s'y groupè-rent autour de la *mansio*.

De nos jours encore la route du Mont Genèvre et celle du Lautaret s'y rencontrent de plain pied à 1320 m. environ d'altitude. Mais pour gagner le fond de la vallée et la route d'Embrun il faut une rude pente ou un long détour.

Quand en 1884 la locomotive remonta la vallée de la Durance, elle s'arrêta essou-fflée à 1206 m., incapable de gravir le redan qui supporte la ville, et la gare se planta à proximité d'une agglomération formée depuis quelque temps, à l'issue des gorges de la Durance.

La Chaussée

Humble faubourg ouvrier jusqu'alors, création par contre-coup de l'usine de soierie qu'y avaient installée MM. Chancel frères, Sainte-Catherine en reçut un victorieux appoint. Elle profita du mouvement qui se produit toujours autour d'une gare, surtout quand elle est tête de ligne, les entrepôts s'y groupèrent, et bientôt l'élément militaire lui-même sentit la nécessité de venir y construire ses principaux établissements. Pour la commodité des voyageurs, la Compagnie P.-L.-M. a joint à sa gare un grand caravansérail, l'Hôtel Terminus, point de départ des courriers et des voitures d'excursion, et maintenant tout le terrain horizontal est bâti et couvert de rues populeuses. Maisons de rapport, villas, casernes, magasins, entrepôts s'y coudoient, et le nouveau Briançon, le Briançon d'en bas, qui ne conserve plus guère le vieux nom de Sainte-Catherine, est une véritable ville, plus gaie, plus vivante et plus peuplée que l'ancienne.

Entre les deux se déploie une magnifique avenue de près de deux kilomètres, la

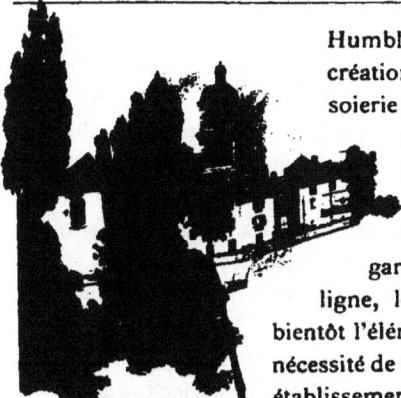

La cathédrale au-dessus des remparts

La Porte d'Embrun et la rue Mercière

Chaussée. Ombragée de beaux arbres, précieux abri lors des chaleurs de l'été, elle grimpe par une forte rampe jusqu'au bas de la vieille ville. Vers la moitié de son trajet, elle laisse à droite une grande et belle construction, au haut de laquelle flotte le pavillon du Touring-Club : c'est le Grand Hôtel, rival et émule de l'Hôtel Terminus.

A mesure que l'on s'avance, les hautes murailles, qui soutiennent autant qu'elles défendent la vieille ville, semblent grandir encore, et les deux tours de la cathédrale qui les dépassent s'inclinent comme pour bénir.

Entourée d'une triple enceinte, la ville s'allonge avec une inclinaison fort sensible et l'un des caractères les plus curieux, qui la signale à l'attention des étrangers, est son système d'égoûts à ciel ouvert. La partie principale de Briançon se compose de trois rues parallèles, dirigées dans le sens de la longueur et de la pente. Au milieu de chacune de ces rues, est une sorte de canal ou rigole où des eaux claires et abondantes glissent avec une grande rapidité. Tous les détritus, balayures ou résidus des maisons, sont jetés dans ces gargouilles et emportés en un clin d'œil par le ruisseau. De là les noms jadis donnés à ces artères : la Grande et la Petite Gargouille, remplacés maintenant par les noms moins réalistes de Grande Rue et de Rue Mercière.

L'enceinte n'a que deux ouvertures : la Porte d'Embrun en bas et la Porte de Pignerol en haut.

Montant de Sainte-Catherine par la Chaussée, on aborde la Porte d'Embrun, qui après les détours qui séparent ses trois guichets vous amène sur la place de la Paix.

De ce point on domine presque à pic la gorge où se brise la Durance, le

Briançon
la Gargouille

Pont d'Asfeld

regard plonge sur le gracieux parc de l'usine Audoyer, et vers le Sud on contemple le très beau spectacle de la plaine de Sainte-Catherine à Saint-Martin de Queyrières, encadrée par les forêts de Pierre-Eyrautz et les dentelures fantastiques du massif de Montbrison.

Au tympan de la porte, on a pu lire la fière légende :

> 1815
>
> LES BRIANÇONNAIS, SANS GARNISON
>
> SOUTIENNENT UN BLOCUS DE TROIS MOIS
>
> ET CONSERVENT LA PLACE.
>
> LE PASSÉ RÉPOND DE L'AVENIR.

A l'intérieur tout a conservé un aspect militaire. On se sent dans un camp retranché où tout doit être sacrifié aux nécessités de la défense. Les bâtiments militaires se succèdent les uns aux autres ; un fort important, le Fort du Château, est compris dans l'enceinte, et par un chemin de ronde perché sur la gorge, on atteint un pont étroit et hardi, le pont d'Asfeld, dit aussi du Diable, jeté sur l'abîme, qui relie la ville à l'un des points principaux de la première ceinture, le Fort des Têtes.

Toujours préoccupée de la défense, Briançon ne s'est guère adonnée aux arts et l'étranger ne trouve à visiter dans l'intérieur des murs que l'église, construite dit-on par

Portail de l'Eglise

Vauban, avec un aspect majestueux et militaire. Elle

Porche de l'Eglise d'Embrun

renferme quelques tableaux intéressants ; l'un d'eux représente une vue de Briançon avant les fortifications. A la façade on peut remarquer de chaque côté du porche deux lions en pierre, fort mutilés et dont l'un a presque complètement disparu. Cet emblème est dominant dans les édifices religieux de la région : on l'a souvent signalé dans le beau porche de la cathédrale d'Embrun : nous le retrouverons à Guillestre, à Arvieux, à Saint-Véran, à Abriès, etc. Peut-être signifiait-il la Force dans la Religion ! Tout à côté de l'église se trouve une maison

Cadran solaire
du Tribunal

Renaissance, dont la partie supérieure a été malheureusement rema-
niée, mais dont le rez-de-chaussée encore chargé de ses ornements
présente deux curieuses inscriptions gravée dans une pierre sombre :

CERCHES
ET VOS
TROVERES 1573

ENTRES
A LA PETIT
PORTE. 1574

Porte de Pignerol

En remontant au-dessus de l'église, on arrive bien vite à la porte
supérieure, dite Porte de Pignerol, qui donne accès sur le Champ de
Foire.

Quelques maisons adossées à la montagne y forment encore un
tout petit faubourg, et deux routes en divergent, celle de l'Ouest
conduisant au Lautaret, et aussi au grand détour qui rejoint la gare
et le fond de la vallée, celle de l'Est se dirigeant vers le Mont Genèvre
et desservant la vallée de Névache.

En suivant quelques minutes la route du Lautaret ou du Monétier, qui commence à se garnir de jolies villas, on arrive à un terreplein qui forme belveder et d'où l'on peut se rendre compte de la puissance des travaux faits pour mettre à l'abri d'un coup de main cette place frontière de premier ordre.

Une première ceinture de forts, dans un rayon assez rapproché, défendait la citadelle : c'étaient, outre le Fort des Têtes, le Randouillet, la Croix de Bretagne, le Fort Dauphin, la batterie de la Lame, etc. Avec les perfectionnements de la balistique, il devenait nécessaire d'élargir le cercle de protection, et c'est ce à quoi on a pourvu en construisant le fort de l'Infernet (2380 m.), le fort du Gondran (2464 m.), celui du Janus (2514 m.), la batterie de la Croix (2417 m.), le fort de l'Olive, etc., ainsi que divers camps.

Entourée d'une aussi formidable auréole, la citadelle de Briançon était en situation de faire mieux encore qu'en 1815, et d'offrir un abri inviolable à une armée ; aussi voyait-elle sans effroi la pyramide italienne du Chaberton (3135 m.) dresser sur son horizon sa menaçante silhouette hérissée de canons. L'heureux rapprochement qui s'est produit depuis quelques années entre les deux sœurs latines, permet de laisser au repos cet appareil guerrier, mais il est bon de savoir que, sans pensées ambitieuses, Briançon dans son camp retranché est en état de faire respecter nos frontières et de remplir dignement son rôle de Rempart de la Patrie.

Il y a du reste entre les deux Briançon de considérables différences. Celui d'en bas avec ses larges avenues, ses beaux magasins et ses jolies villas, est d'un aspect tout moderne. Sombre et sévère dans ses grandes rues, le vieux Briançon recèle au pied du château d'innomables méandres, des ruelles infectes et des masures hideuses. Il a conservé les habitudes d'un village montagnard, des étables s'ouvrent sur quelques-uns de ses passages, des écuries occupent le rez-de-chaussée de certaines maisons, et tous les matins, le petit berger de la commune y rassemble le troupeau de chèvres qu'il va faire paître aux flancs de la Croix de Toulouse.

Les Alberts et la
Vallée de Névache

II

Le Mont Genèvre.

*Un village sur un col. — Questions militaires. — Le Chaberton et le Gondran.
— L'école des skis.*

Du Mont Thabor au Grand Glaiza, Briançon commande cinquante kilomètres de frontière. Mais sur ce long parcours le point principal est le passage du Mont Genèvre (1860 m.), non pas qu'il soit le point le plus bas de la barrière, record qui est détenu par le Col de l'Echelle (1790 m.), mais parce qu'il est le seul pourvu d'une route carrossable.

Cette route présente, de Briançon au col, un développement de onze kilomètres, dont les quatre premiers, jusques un peu au-delà de la Vachette, sont presque complètement de niveau. Lorsqu'on commence à monter après avoir par un beau pont passé sur la rive gauche de la vallée, on jouit un instant, au-dessus du village des Alberts, d'un ravissant coup-d'œil sur Val-des-Prés et les cimes qui l'environnent, puis on arrive, vers le cinquième kilomètre, à la Fontaine Crettet. Ce monument signale le captage des eaux qui abreuvent Briançon et porte le nom du philanthrope dont un legs paya la plus grande partie des travaux.

Presque immédiatement après on traverse le ravin, généralement à sec, d'où découle la Durance, et on commence à tracer au milieu d'une forêt de pins séculaires les trois grands lacets qui amènent au niveau du Col. A chaque inflexion se profilent des échappées ravis-

Vue prise en descendant du Mt-Genèvre

santes, tantôt sur la vallée de Névache, tantôt sur Briançon et ses forts.

Un peu après le dixième kilomètre la pente s'adoucit, la forêt s'écarte et l'on arrive sur le vaste plateau qui constitue le Col du Mont Genèvre.

Entre le Rocher de l'Alpet (2680 m.) au N. et le Signal du Chenaillet (2634 m.) au S., le plateau du Mont Genèvre s'allonge à peu près exactement de l'Ouest à l'Est sur un parcours de plus de trois kilomètres. Son berceau, à pentes presque insensibles sur une largeur d'un kilomètre environ, se redresse progressivement dans les parties latérales, et présente une immense étendue de prairies, encadrée de forêts, et dominée au Nord par les Rochers du Chaberton, au Sud par la cime un peu chauve du Janus.

C'est là que fut l'ancien passage, et l'on y peut évoquer par la pensée, dans un décor sensiblement immuable, les hordes de Bellovèse, les soldats de César, les ingénieurs d'Auguste et les armées de Charlemagne.

Briançon et la Vachette, vus du Mont Genèvre

De la voie romaine il ne reste plus de vestiges reconnaissables, mais son existence, attestée par d'anciens documents et notamment par les Vases Apollinaires, ne saurait être mise en doute. Certains auteurs affirment qu'au commencement du XIXᵉ siècle, on y trouva encore des fragments de marbre, débris du temple de Janus que les Romains y avaient élevé, et qui aurait laissé son nom à la cime prochaine. Le Bulletin Epigraphique de la Gaule, de Janvier-Février 1882, nous apprend qu'en Juin 1881, les habitants du village, en creusant l'aqueduc d'une fontaine ont mis au jour, à côté de l'église, de grosses pierres carrées et taillées, unies entre elles par des armatures ou crochets de fer scellées au plomb. On y a également recueilli de magnifiques débris de sculpture en marbre blanc et quatre monnaies en argent et en bronze des IIIᵉ et IVᵉ siècle. Le Bulletin de la Société d'études des Hautes Alpes ajoute que ces curieuses ruines d'un important monument, sans doute un temple, avaient déjà été décrites au XIe siècle par la Chronique de la Novalaise (1020) qui, parlant du passage des Alpes par Charlemagne en 773, écrivait : *rex... pervenit in Montem Geminum, sive januam regni Italiæ dici potest, in quo olim templum ad honorem cujusdam caci dei, scilicet Jovis, ex quadris lapidibus plumbo et ferro valde connexis, miræ pulchritudinis quondam constructum fuerat.*

Enfin M. de Ladoucette, dans son Histoire et Topographie des Hautes Alpes, cite une inscription décisive, malheureusement perdue, rapportée par le curé Albert d'après une découverte faite en 1708 lors de la reconstruction de l'église : *Titus Augustus XI, Lucio Sejano Vero et Caio Cornelio Prisco consulibus, viam ex Italiâ per Alpes in Provinciam Victor liberatissimus fecit.* [1]

La grande voie romaine daterait donc de l'an 79 de notre ère, et les Vases Apollinaires qui remontent au IIe siècle, énumérant les étapes de la route, mentionnent à six milles de Brigantio la station *Druentia* ou *Summas Alpes.*

Au Moyen-Age, les personnages de marque qui passaient les Alpes s'y faisaient transporter en chaise par des sortes de guides que l'on appelait *marrons.* En hiver on se laissait volontiers conduire à la glissade, *ramasser*, comme on disait au Mont Cenis.

La route actuelle date de Napoléon Ier et elle fut ouverte le 22 Germinal An XII, 12 Avril 1804. Vers l'extrémité orientale du plateau se dresse un grand monument, obélisque en pierres de taille de vingt mètres de haut, élevé à la gloire de l'empereur. Sur les quatre faces du soubassement des

L'Obélisque du Mont-Genèvre

(1) Rapportée aussi par l'ingénieur Héricart de Thury (*Bulletin de la Société d'études des Hautes Alpes.* IV, 1885, p. 346.)

plaques de marbre noir reproduisent en latin, en français, en italien et en espagnol l'inscription suivante :

NAPOLÉON LE GRAND
EMPEREUR ET ROI
RESTAURATEUR DE LA FRANCE
A FAIT OUVRIR CETTE ROUTE
AU TRAVERS DU MONT GENÈVRE
PENDANT QU'IL TRIOMPHAIT DE SES ENNEMIS
SUR LA VISTULE ET SUR L'ODER
—
J. C. T. LADOUCETTE, PRÉFET
ET LE CONSEIL GÉNÉRAL DU DÉPARTEMENT
ONT CONSACRÉ CE TÉMOIGNAGE
DE LEUR RECONNAISSANCE
1806.

Non loin de l'obélisque, au centre et au seuil du plateau, au véritable point du Col sur la ligne de partage des eaux à 1860 m. d'alt., s'étale un village d'une   certaine importance, avec une

Village de Mont-Genèvre

Mont Genèvre et Chaberton

église, bâtie comme nous venons de
le voir sur l'emplacement de l'ancien temple, et un
hospice qui, fondé jadis par les Dauphins et célèbre pour les bien-
faits qu'il répandait sur les voyageurs, s'est transformé depuis en
hôtel et en caserne de gendarmerie.

C'est un peu plus loin, vers l'extrémité orientale du plateau, que
se trouve la ligne de la frontière, et de suite commencent les bara-
quements de douaniers et les défenses que l'Italie a cru prudent
d'amonceler sur la route. Mines cachées, pont-levis au passage d'un
couloir abrupt, pont de fer rentrant, etc., auraient tôt fait d'intercepter
le passage. On sait que cette route descend ensuite le long de la
Doire, passe à Césanne (1359 m.), et vient à Oulx (1121 m.) rejoindre
la ligne du chemin de fer du Mont-Cenis après un parcours de trente
kilomètres.

Chaque jour, pendant la belle saison, un car alpin fait un
service régulier de transport entre les gares d'Oulx et de Briançon,
mais ce moyen de communication, en grand progrès cependant sur
l'ancien *plaustrum* romain, semble maintenant insuffisant à l'ardent
désir actuel de commodité et de rapidité. Des études sont faites, des
comités s'agitent de chaque côté de la frontière pour provoquer en ce

Mont Janus

point le percement d'un nouveau tunnel, et en Août 1907, un meeting important se réunissait à Briançon dans ce but.

En attendant ce nouveau lien de la fraternité des peuples, sur le Mont Genèvre les défenseurs des deux pays sont en arrêt et se surveillent. En montant de France le village du Col apparaît surmonté des hauts rochers du Chaberton (3158 m.), et la forteresse italienne qui le couronne remportait dernièrement un record en recevant par les multiples lacets de sa route la visite d'une téméraire automobile. Si l'on arrive d'Italie c'est l'austère Janus (2514 m.) qui se profile au-dessus des maisons, et les reflets du soleil y font reluire la gueule des canons. Les deux citadelles sont face à face et se contemplent mutuellement, gigantesques sentinelles chargées de la protection réciproque.

Bien qu'il y ait dans les Alpes d'autres villages plus élevés, ainsi que nous le verrons bientôt pour Saint-Véran, le climat du Mont Genèvre balayé par les vents est très froid, et l'hiver nivelle le plateau sous un épais manteau de neige. Le malheureux village était souvent séparé pendant des semaines du reste du monde avant l'adoption des raquettes et celle plus récente encore des skis. Mais il a dû à sa situation une prospérité nouvelle depuis la vogue des sports d'hiver.

Le berceau du Mont Genèvre avec ses pentes variées ramenant

toujours au plateau est un terrain merveilleusement adapté aux exercices des skieurs. Aussi voit-il souvent évoluer les manœuvres de l'Ecole des skis de la garnison de Briançon dirigée par le capitaine Rivas. Au mois de Février 1907, le Club Alpin Français y a organisé un concours international de skis, qui a eu un succès dépassant de beaucoup les prévisions de ses organisateurs, et du 10 au 13 de ce mois ce fut sur la ouate blanche du col une immense affluence de touristes et de militaires français et italiens, luttant d'adresse et d'agilité avec les champions suisses et norvégiens. De charmantes dames avaient revêtu, pour braver la température polaire, des « accoutrements d'esquimaux » afin de venir applaudir aux prouesses de toute sorte et notamment au grand saut du skieur suisse Keller, et le général Galliéni, alors chef du 14e corps d'armée, était venu avec un brillant état-major se rendre compte de l'entraînement des concurrents. La vogue exceptionnelle de cette réunion hivernale favorisée par un temps splendide a ramené l'attention sur le plateau du Mont Genèvre et son souvenir sera longtemps encore évoqué par chaque manifestation du nouveau sport. C'est là que le ski a reçu sa définitive consécration, et à la place de l'ancien temple de Janus, nous verrons sans doute bientôt des hôteliers avisés élever, avec chauffage central, le merveilleux palais de l'Hiver.

Préparatifs du Concours de Skis au Mont Genèvre

Confluent de la Durance
et de la Clarée

III

La Vallée de Névache.

La Durance et la Clarée. — Planpinet et les Acles. — Névache et le Col de l'Echelle. — La cascade de Fontcouverte. — Le Col des Rochilles et l'Aiguille Noire.

La vallée de Névache *(Annevasca,* enneigée) est le haut pays briançonnais : c'est elle qui forme la source et le principal bassin, le véritable aliment du cours d'eau de la région briançonnaise ; et sur toutes les cartes, dans tous les manuels de géographie, on voit indiqué qu'elle est arrosée par la Clarée, affluent de la Durance.

Dans leur ignorance, dans leur négligence des choses de la montagne, les anciens ont ici commis une indiscutable erreur qu'il est aujourd'hui impossible de rectifier. Ils ont donné le rôle prépondérant au mince filet d'eau qui découle du ravin du Mont Genèvre, et leur prétérition a réduit au rôle secondaire d'affluent le torrent qui, au moment de la jonction, avait un cours et un volume dix fois plus important.

Cette erreur est tellement frappante que certains auteurs ont essayé de l'expliquer par une confusion ultérieure. Mais en présence des textes, il est impossible de s'y tromper : *Druentia* est bien le nom que Jules César et tous les géographes latins donnent à la grande et longue vallée qui draine ces montagnes. *Druentia* était si bien pour eux le nom du ravin qui découle du Mont Genèvre que nous voyons trois des Vases Apollinaires employer ce mot pour désigner le Col lui-même. Ce sont donc bien les Romains qui ont appelé *Druentia*, Durance, le minime ruisseau descendant du col et qui ont continué ce nom à la rivière et à la vallée, sans se préoccuper du cours d'eau bien plus important qui, venu du fond de la combe, entraînait dans ses flots comme un mince fétu le pauvre petit écoulement du col.

Notons cependant qu'un des plus anciens documents cartographiques connus, la carte de Mercator *Pedemontana regio*, publiée en 1589, semble aussi donner le nom de *Druenza* au torrent de la vallée et distinguer une *Druenza magna* et une *Druenza piccola*, et que cette manière de voir semble confirmée par la carte de Dauphiné de Tassin en 1634 et celles de Sanson d'Abbeville en 1641, 1648 et 1652, ainsi que la grande carte de Borgonio en 1680. Le nom de la Clarée est du reste tout récent, car sous la forme de la Claire, il est mis au jour pour la première fois par la carte de Cassini en 1744, et le Dictionnaire topographique des Hautes-Alpes, de M. Roman, cherche à tout concilier en l'appelant Durance-Clarée.

Actuellement, au confluent des deux cours d'eau, la Clarée qui vient de fournir une traite de plus de trente kilomètres et a reçu de nombreux affluents, a une largeur de onze mètres et demi, tandis que la Durance qui a parcouru à peine trois kilomètres n'a qu'un lit de un mètre soixante-quinze en moyenne.

La vallée de Névache est particulièrement gracieuse et boisée : elle forme un long sillon couché au pied de la chaîne frontière, et suivant ses sinuosités, elle adopte successivement deux directions.

La route qui la dessert se détache de celle du Mont Genèvre au village de la Vachette, à trois kilomètres de Briançon. Elle remonte la rive droite de la vallée, contournant la base du Signal de St-Chaffrey, et laissant à droite vers le confluent des cours d'eau le hameau des Alberts, elle atteint bien vite le gracieux village de Val-des-Prés (1370 m. env.). Elle passe sur la rive gauche après les maisons de Pra-Premier, et serrant le pied d'un petit chaînon qui double la

La Vachette

crête frontière, elle atteint en sept kilomètres l'agglomération de Planpinet (1496 m.).

Ainsi nommé de la forêt de pins ou pinède qui le domine, ce village fort ancien commande un repli important de la grande chaîne que l'on appelle le Vallon des Acles. S'insinuant à l'Est, avec un fort retour au Sud, ce vallon à l'altitude moyenne de 2000 mètres rayonne par de nombreux cols sur les vallées italiennes, et notam-

Val-des-Prés

ment par les cols de la Lauze et des Trois Frères Mineurs qui conduisent sur les revers du Chaberton.

L'église de Planpinet, fort intéressante et qui remonte au commencement du XVIe siècle, attire l'attention par un de ces cadrans solaires à naïves légendes qui abondent dans la région : on y remarque un joli petit vitrail et une croix processionnelle en argent, chefd'œuvre d'orfèvrerie du XVIe siècle. Malheureusement il est aujourd'hui assez difficile de la visiter, car depuis la Séparation, Planpinet n'a plus de desservant et l'église est fermée.

Jusqu'à Planpinet les yeux du visiteur ont été attirés par la pointe aiguë de l'Aiguille Rouge dominant la coupure du Col de l'Echelle. Un peu en amont du village la vallée s'infléchit à l'Ouest, et maintenant apparaissent au fond les étranges déchirures du massif des Cerces. Sur la gauche on contourne les contreforts du Rocher

Planpinet et le Col de l'Echelle

Eglise de Planpinet

des Olives et du Rocher du Raisin, épaulements du massif de la Gardiole, et l'on admire leur magnifique revêtement de mélèzes. Sur la droite on s'élèverait sans peine à travers la forêt jusqu'à ce curieux col de l'Echelle, délicieuse clairière à 1790 m. d'altitude, formant un corridor presque horizontal entre les pierriers de l'Aiguille Rouge (2550 m.) à l'Ouest, et les murailles du sommet de Guion ou Guglia del Mezzodi (2634 m.) à l'Est. Il est curieux d'y constater la dépression la plus basse de la chaîne frontière, mais le passage n'en est encore possible qu'aux piétons à raison de l'abrupt par lequel se termine cette terrasse sur la vallée de Mélezet. C'est là qu'étaient jadis pratiqués dans la roche les degrés (Scalœ) qui ont valu au passage son nom de Col de l'Echelle. Il est question maintenant d'y établir le prolongement de la bonne route carrossable déjà construite sur le territoire français.

Encore six kilomètres de pente presque insensible, agrémentés par un double passage de la Clarée, et on arrive au chef-lieu de la vallée (1621 m. d'alt.)

La population de Névache est répartie en plusieurs hameaux : Sallé, le Cros, Ville-Basse et Ville-Haute. La route laisse de côté les deux premiers et traverse Ville-Basse où s'élève depuis un an un petit hôtel bien aménagé. Sur une maison de Ville-Basse on remarque une plaque de marbre noir qui y indique la naissance du général Rostollan, un des lieutenants de Napoléon.

A dix minutes à peine, Ville-Haute est l'agglomération la plus importante. Au milieu des toits des chaumières s'élance vers le ciel le fin clocher de l'église. Cette église de Névache est extrêmement curieuse et peut retenir longtemps l'attention du touriste. Son

Hôtel Mouthon à Névache

portail principal, orienté au Nord, est orné de sculptures remarquables. « Les panneaux représentent Saint-Antoine, Saint-Marcellin, l'Ascension, les saintes femmes pleurant autour du sépulcre de Jésus-Christ, la Vierge tenant le corps de Jésus-Christ sur ses genoux... » (Roman, Répertoire archéologique). On y trouve aussi la mention Karolus 1498, qui doit être la date de la construction de l'église. L'intérieur du vaisseau est richement décoré et renferme une tribune sculptée du XVIᵉ siècle.

Ville-Haute est bâtie au pied d'un ressaut de la vallée. Pour le franchir, la Clarée se précipite en une très belle cascade, connue sous le nom de Cascade de Névache, et à laquelle le cadre de mélèzes ajoute un charme tout particulier.

Au-dessus de ce ressaut nous retrouvons une longue plaine et de nouveau se manifeste ce caractère commun à presque toutes les vallées alpines, successions de paliers, lits d'anciens lacs, reliés par des rapides. Le fond du tableau est formé par les cimes déchiquetées du massif

Clocher de Névache

5

Vue de Névache Ville haute

des Cerces qui rappellent les singulières silhouettes des Dolomites.

Deux étranglements et deux replats successifs nous amènent en présence d'un des plus délicieux tableaux de cette belle vallée. A l'aval du plateau de Fontcouverte la Clarée, grossie du Queyrellin qui descend du Col du Chardonnet, vient rejoindre le plan inférieur de Lachat par

Cascade de Névache

CASCADE DE FONTCOUVERTE

deux bonds de vingt à trente mètres chacun. Ce sont les cascades de Fontcouverte, où l'eau cristalline de la Clarée bouillonnant autour des blocs semble un ruissellement de neige au milieu de la sombre verdure de la forêt.

On atteint enfin le plan de Laval cirque terminal de la vallée et dans le lointain, au-dessus de la douce teinte des prairies, commence à se dresser, comme un clocher bruni, la haute pointe de l'Aiguille Noire.

A l'amont du plan de Laval la vaste combe se bifurque,

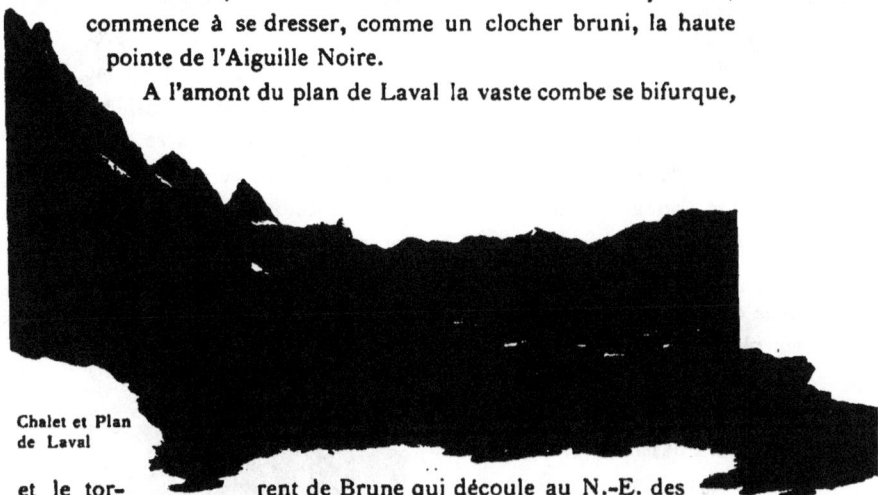

Chalet et Plan de Laval

et le tor-   rent de Brune qui découle au N.-E. des Muandes et presque du Thabor, vient se jeter dans la Carée descendue des Rochilles. Entre les deux, des prairies encore luxuriantes remontent au Col de l'Aiguille Noire, fenêtre ouverte sur la vallée de Valloire, que les écrivains militaires du XVIIIe siècle ne manquent jamais d'appeler Col de l'Œil-Noir, par une traduction hardie et malheureuse du patois Col de l'Œuille-Noire.

Pour apprécier tout le charme de cette haute vallée de Névache, il faut par un bon chemin muletier remonter sur leur rive gauche les rapides de la Clarée. Là sont les Rochilles, grosses têtes de granit qui crèvent de distance en distance le magnifique tapis des prairies. On contourne ainsi les pointes du massif des Cerces, la Tête des Béraudes, la Corne des Blanchets, où la roche, sorte de calcaire

Massif des Cerces

magnésien, alté-
rée par les agents
atmosphériques
prend les formes
les plus invrai-
semblables.

Bientôt se pré-
sente un petit lac
souvent considéré

comme la source du torrent et qu'on appelle le lac de la Clarée. Une
terrasse le domine où ruissellent encore les eaux, et cet obstacle
surmonté, on arrive dans un large et majestueux corridor qui,
resserré entre les contreforts de la Corne des Blanchets et ceux de
l'Aiguille Noire, incline nettement à l'Ouest. Là dort un beau lac,
large et tranquille, qu'on appelle le lac Rond et qui semble n'avoir d'autre aliment qu'un mince filet
d'eau arrivant de l'Aiguille Noire. Mais à
l'Ouest une barre morainique le sépare
un autre bassin aussi vaste où le
lac du Gros Ban manifeste nettement vers l'Est un courant assez
prononcé. On contourne encore
ce lac au pourtour plus rocailleux

Lac de la Clarée

Lac du Gros Ban et lac Rond, vus du Col des Rochilles

et l'on parvient enfin sur le Col des Rochilles (2500 m. env.).

De là l'œil plonge sur le bassin de la Paré, sur la haute vallée de Valloire, et jouit au-dessus des lacets de la route du Galibier d'un magnifique panorama dont les trois sveltes Aiguilles d'Arves forment les points les plus saillants.

Le lac du Gros Ban s'alimente au Nord par un faible écoulement venant du col de la Plagnetta, et au Sud par un ruisseau qui descend du Col des Cerces (2650 m. env.), brèche mi-gazonnée, mi-rocailleuse, qui donne accès au cœur du massif et au glacier des Cerces. C'est ce ruisseau qui constitue la véritable source de la Clarée, c'est-à-dire de la vraie Durance.

Les cimes qui dominent l'origine du bassin sont ainsi la Corne des Blanchets (3023 m.), redan septentrional du massif reculé des Cerces, et l'Aiguille Noire (2892 m.), clocheton terminal des Crêtes de la Grande Paré : cette dernière située dans l'axe de la haute vallée de Névache fournit à ses rares ascensionnistes le plus ravissant coup d'œil sur ce gracieux repli des Alpes briançonnaises.

La vallée de Névache sert parfois de point de départ pour l'ascension du Mont Thabor (3182 m.), nœud important de la grande dorsale alpestre et belvéder merveilleux sur les cimes de l'Oisans. Mais il n'appartient pas à son bassin et pour en gagner les pentes il faut franchir successivement le Col des Muandes et le Col de Valmeinier. Chaque année au mois d'août des files de montagnards suivent ce trajet pour aller le jour du pélerinage, entendre la messe à la Chapelle de Notre-Dame-des-Neiges au Mont Thabor (3181 m. d'alt.) et c'est un spectacle réconfortant que de voir les difficultés et les peines que bravent ces fidèles pour aller témoigner leur foi naïve à la Mère du Sauveur.

Lac Rond et Col des Rochilles

Le Bacchu-ber.

IV

Le Vallon de Cervières.

Pont-de-Cervières et le Bacchu-ber. — Le Col Izoard et le Col de Malrif. —
La crête aux Eaux Pendantes et la frontière de Terre-Noire.

Un peu en aval de la gare de Briançon, un assez fort torrent traverse la voie pour aller se jeter dans la Durance : c'est la Cerveyrette qui descend du Grand Glaiza et du Col de Malrif aux confins du Haut Queyras, et qui vient de parcourir le vallon peu fréquenté de Cervières.

Dissimulée aux yeux du touriste par une gorge étroite et profonde, cette vallée de Cervières couvre une assez large surface, et occupe par ses tributaires le vaste triangle compris entre la Durance le Queyras et la frontière. Peu visitée depuis que le Col Izoard n'est plus le principal accès du Queyras, elle est relativement peu connue, et s'est comme endormie dans le culte de ses vieilles coutumes.

Elle débute dans la banlieue même de Briançon par le village

Pont Baldy

de Pont-de-Cervières, ramassé sur la rive droite de la Cerveyrette.
Cette petite localité est fameuse par l'usage qui s'y est conservé de
danser le 16 Août, jour de la fête patronale, une sorte de pyrrhique
que l'on appelle le Bacchu-ber. Très originale, cette cérémonie est
célébrée par neuf ou treize hommes et quatre ou six femmes. Les

hommes, autant que possible jeunes et costumés en lutteurs, par groupes de deux ou de quatre se faisant vis-à-vis et et se croisant comme en un quadrille se demènent en cadence en agitant des épées nues ; les femmes, le plus souvent vieilles, forment l'orchestre et chantent une mélopée lente et monotone qui donne le rythme aux danseurs.

Village de Cervières

Des opinions fort diverses se sont fait jour sur l'origine de cet usage : les uns le font remonter aux Gaulois, d'autres le croient importé de Grèce, on lui a attribué une origine suisse, il est peut-être plus simple de le croire né et perpétué dans le pays.

A l'amont de Pont-de-Cervières commence l'étroit défilé des Gorges de la Cerveyrette, très pittoresque, et que les travaux faits pour l'usine électrique de Briançon ont rendu plus accessible. Pour faciliter les communications des montagnes qu'il sépare, le génie militaire y a jeté un pont aérien, dit le Pont Baldy, qui est une merveille d'élégance et de force.

Au-dessus du Pont Baldy la route remonte une autre partie des gorges moins profonde, mais non moins sauvage. On laisse à droite et à gauche des routes conduisant aux ouvrages militaires, et en onze kilomètres de Briançon on atteint le village de Cervières (1620 m.). Entassée sur la rive gauche du torrent, au pied des casses de la Montagne de Lasseron, l'agglomération principale ne présente rien d'intéressant, Il faut s'élever un peu en face, sur la rive droite au-dessus de l'Adroit, pour aller auprès d'un ravin pittoresque visiter l'ancienne église Saint-Michel. « Elle date de la fin du XVᵉ siècle... « la porte principale s'ouvre sur le côté droit ; elle est à plein cintre

« et était ornée de colonnettes aujourd'hui disparues. Elle est pro-
« tégée par un auvent en bois qui a probablement remplacé un porche
« en pierre ; on voit en effet sur le sol des chapiteaux du XVᵉ siècle,
« ornés de têtes de bélier et d'une main bénissante. » (J. Roman,
Répertoire archéologique.)

Le village de Cervières est bâti à un confluent de vallées. Celle
qui remonte au Sud, arrosée par le ruisseau du Bléton, conduit au
Col d'Izoard, et par la vallée d'Arvieux communique avec le Queyras.
Assez riante, herbeuse et boisée, elle a pour tributaire de droite le
vallon désolé du Blétonnet qui prend sa source dans la Casse des
Oules au revers de l'Escavinade et du grand Pic de Rochebrune
(3324 m.). Le Grand Rochebrune, dit aussi Bouchier, est le roi de
ces montagnes. Le Refuge du Col Izoard (2500 m. environ) sert généralement de point de départ pour son ascension. Par le Col Perdu
on gagne le haut du vallon du Blétonnet et l'escalade doit se pour-
suivre avec précaution par les arêtes du relief. Ce beau pic de Rochebrune, qui des abords du Lautaret et du Galibier est souvent pris
pour le Viso auquel il ressemble par sa forme élancée, fournit à ses

vainqueurs un admira-
ble panorama sur les val-
lées environnantes et sur
le massif du Pelvoux. La
première ascension con-
nue en fut faite le 13 septembre 1819 ; encore les
excursionnistes
y trouvè-
rent-ils
une croix de
bois et un ja-
lon ! (Bulletin de la
Société d'études des Hau-
tes Alpes, VII, 1888, p. 339).

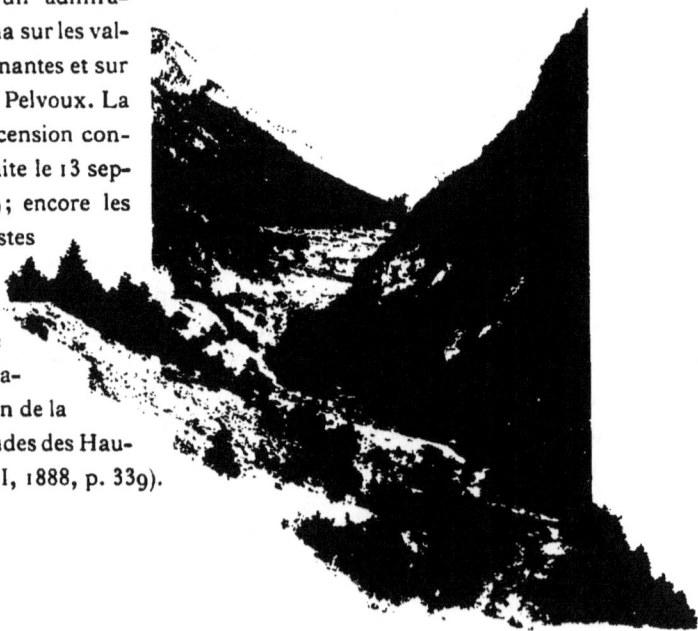

Gorges de la Cerveyrette

A l'Est de Cervières, inclinant un peu au Nord, une sorte de plaine garnie d'assez maigres cultures s'allonge vers des cîmes sans caractère. Là, comme nous le verrons en plusieurs autres points de ces vallées, le travail de l'homme s'épuise à lutter contre les conséquences de son ancienne imprévoyance. Le déboisement a amené la ruine des montagnes, et leurs débris forment ces casses mouvantes et envahissantes qui, comme les sables du désert, viennent recouvrir les champs. Chaque printemps il faut déblayer et les pierres rejetées forment la clôture trop naturelle des carrés que l'on cultive.

Bientôt le vallon principal creusé et animé par la Cerveyrette tourne au Sud-Est pour s'allonger à la base de la chaîne frontière. Il remonte ainsi toujours en inclinaison modérée par les hameaux du Bourget (1906 m.), des Chalps (1969 m.) et des Fonds 2060 m.), jusqu'au pied de cette chaîne transversale que la carte appelle du nom étrange de Crête aux Eaux Pendantes.

La route carrossable qui s'est poursuivie depuis Cervières cesse à l'approche des Fonds, et c'est là que se forme la Cerveyrette par la jonction des torrents de Ventoun et de Pierre-Rouge. Presque directement au Sud, le premier prend naissance au pied du Col de Péas qui conduit à Château Queyras et réunit les eaux d'un vaste cirque

Refuge d'Izoard

non moins désolé que la Casse des Oules compris entre l'Escavinade, le Grand Rochebrune, le Pic du Grand-Vallon, le Petit Rochebrune et le Pic Lombard.

Le torrent de Pierre-Rouge, à l'Est, descend du col de Malrif (2800 m.) qui coupe la Crête aux Eaux Pendantes, et des flancs de la chaîne pierreuse du Glaiza. Crête de la Durmillouse, Crête du Glaiza sont les noms assez génériques sous lesquels la carte de l'Etat-Major français désigne cette assez longue partie de la frontière qui court au long de la haute vallée de la Cerveyrette et la sépare de la vallée italienne des Thures, affluent secondaire de la Dora Riparia. Ces dômes émoussés n'attirent point l'alpiniste, rebuté d'ailleurs par la longueur du trajet d'accès de part ou d'autre, et la littérature alpine n'a enregistré sur eux qu'un article paru en 1898 dans la Revue mensuelle italienne.

Depuis le col de Chabaud au-dessus du Bourget jusqu'au col de Terre-Noire (2950 m.) au-dessus des Fonds, le nom de Crête de la Durmillouse adopté par les cartes françaises et italiennes est très justifié, en fait, par l'allure mousse et terreuse de l'arête bien propre à l'habitat de la marmotte (dormillouze, en patois, à cause de son engourdissement hivernal). Dans le val des Thures on donne à la partie la plus orientale, le nom de Serra Vira-dantour.

A l'Est du col de Terre-Noire se présente un gros renflement à peine plus rocheux, coté 3106 et 3222 avec le nom de Crête du Glaiza par la carte française, tandis que la carte italienne le cote 3042 et 3231, sous la dénomination de Cima Clauzi.

On trouve ensuite une dépression à peine sensible, le col de Terre-Rouge (3220 m.), qui comme les précédents donne un accès facile de la verdoyante vallée des Thures dans le haut vallon de la Cerveyrette, et l'on en arrive au point nodal de la chaîne où la Crête aux Eaux Pendantes, amorce du massif de Rochebrune qui sépare le bassin de la Cerveyrette du bassin du Guil, vient s'imbriquer sur la dorsale.

Ce point nodal assez important en topographie n'a guère été

plus sculpté par les éléments que les montagnes voisines, et la roche se montre à peine vers son sommet. Il est nommé en France Pic du Grand Glaiza, avec l'altitude de 3286 mètres, tandis que les Italiens le désigne sous le nom de Punta Merciantaira, avec la cote sensiblement égale de 3292 mètres.

Il faut bien cette longueur interminable des accès pour que cette cîme si facile, abordable de tous les côtés, ne soit pas plus souvent visitée, car le panorama en est splendide, égal à celui de son voisin le Bric Froid, dit Punta Ramière en Italie, qui ne le dépasse que de 10 à 20 mètres (3320-3302). Le Grand Glaiza est même mieux placé pour les montagnes françaises, car il commande à la fois le vallon de la Cerveyrette, le vallon des Thures et celui du Haut-Guil.

Tout ce vallon de Cervières est pauvre et en grande décroissance au point de vue de la population. En 1783, l'Histoire d'Embrun de l'abbé Albert y signale 881 habitants, et il n'y en avait plus que 537 au dernier recensement. Les hauts villages du Bourget, des Chalps, des Fonds ne sont habités que l'été. M. J. Roman signale au Bourget une petite chapelle qui parait dater du XVIe siècle et qui possède deux cloches à curieuses légendes gothiques.

Chapelle St-Pancrace

V

Le Val Durance.

Queyrières et la Bessée. — Le Pertuis Rostan. — La Roche de Rame. —
Mont Dauphin.

Au commencement de son cours, la Durance s'est trouvée aux prises avec de telles résistances que tout son effort a dû se borner à s'ouvrir un passage et que nous ne trouvons que de loin en loin un élargissement qui puisse paraître une petite plaine.

Il ne faut pas quitter celle de Briançon sans donner, au débouché du vallon des Ayes, un coup-d'œil à Villard-Saint-Pancrace. Une maison forte depuis lors changée en ferme y présente encore une tour carrée, et l'église paroissiale, datant de 1542, a deux portes garnies de colonnettes avec chapiteaux. Mais l'édifice le plus intéressant est la chapelle de Saint-Pancrace, bâtie sur un tertre, et dont une partie remonte au XVe ou au XVIe siècle. M. Roman y signale comme fort curieuses des peintures murales exécutées par un artiste inconnu.

La Du-rance pénètre ensuite dans un défilé, à l'entrée du-quel nous trouvons le village de Prelles et la jolie chapelle Saint-Jacques aussi ornée de peintures mu-rales du XVIe siècle.

La route franchit le torrent pour se serrer sur sa rive gau-che, car les montagnes se rapprochent encore, et c'est dans un paysage fort pittoresque que l'on abor-de Saint-Mar-tin-de-Quey-rières. Le château fort de son sei-gneur a dis-paru, mais la piété de ses habitants se traduit par une grande quantité de chapelles ou d'oratoires ar-tistement dé-corés : il faut, avec M. Ro-man, citer l'oratoire de Saint-Sébastien, la chapelle de Sainte-Marguerite et celle de Saint-Michel, toutes du XVIe siècle.

Eglise de St-Martin en Queyrières

On arrive ainsi au Pertuis Rostan, véritable porte taillée dans le rocher, ouvrage impressionnant que l'on a bien entendu attribué à Annibal. Sans que les recherches les plus consciencieuses aient pu donner une certitude à ce sujet, il semble que cette entaille faisait partie d'un système de défense barrant la vallée et destinée, à une époque que l'on ne peut déterminer, à mettre le Briançonnais à l'abri d'un coup de main. On trouve en effet des vestiges de

La Bessée du Milieu

remparts se prolongeant du Pertuis Rostan à la Durance, et qui paraissent se raccorder à la grande muraille encore presque intacte sur la rive droite et dans la vallée de la Gironde, connue sous le nom impropre de Muraille des Vaudois.

L'entrée de la Vallouise occasionne un élargissement où s'étagent les villages de la Bessée. Agglomération plus importante que l'Argentière, la Bessée parfois distinguée en trois villages s'étend sur près d'un kilomètre le long de la route. C'est le centre de commerce et de ravitaillement des montagnes environnantes.

Au bas des rampes qui se terminent à la Bessée inférieure, et sur la rive droite de la Durance, l'Argentière, chef-lieu de canton bien déchu, rappelle une ancienne exploitation minière qui fut jadis florissante. Les dauphins y avaient obtenu en 1155 et en 1238 la concession d'une mine d'argent, et on voit à côté du village des bâtiments usiniers où végète encore un semblant d'extraction.

Avant de la quitter pour pénétrer dans le vallon de Fournel dont elle commande l'entrée, le touriste peut visiter à l'Argentière une église construite au XVIe siècle, ainsi qu'en témoigne une inscription avec la date de 1531. A la porte, comme à celle de Ville-Vallouise, un énorme verrou à tête de chimère; au portail, des colonnes, des chapiteaux sculptés, etc. Mais ce qu'il y a de plus curieux sont les fresques qui ornent le mur extérieur de la sacristie, heureusement protégées par un auvent. M. J. Roman, qui les a déchiffrées et interprétées avec une science consommée, y a trouvé les Vertus cardinales et les Péchés Capitaux. Elles sont signées d'un nom inconnu et datées de 1516.

Tout près du village se voient encore les ruines de deux châteaux, et l'intéressante chapelle de Saint-Jean qui remonte au XIIIe siècle et aurait relevé d'une commanderie des chevaliers de Saint-Jean de Jérusalem.

Chapelle St-Jean à l'Argentière

De nos jours, le chemin de fer a installé à l'Argentière une gare en face de laquelle se dressent les innombrables constructions d'une immense usine, véritable ville industrielle, à laquelle la force motrice est amenée à la fois de la Durance et de la Gyronde par des travaux gigantesques.

Dans un paysage sauvage et désolé que dominent à l'Ouest le Roc Touard et à l'Est le Roc d'Oumbras dernier contrefort des cimes de Néal, la Durance atteint la Roche de Rame, anciennement la Roche de Briançon, qui a recueilli le nom de la petite ville de Rame détruite au XIIIe siècle par une inondation de la Durance. Rame était, comme nous l'avons dit ci-dessus, une des stations de la voie romaine de Briançon à Arles. Il n'en reste plus que quelques vestiges d'une ancienne église que l'on voit dans les délaissés du torrent.

Église de l'Argentière

En dessous de la Roche, près Champcella, autre épave du naufrage de Rame, s'ouvre à l'Ouest l'entrée de la vallée de la Biaysse qui conduit à Freyssiniè- res et à Dourmil- louze, anciens centres Vaudois complètement dévastés, et la Durance descendue à 900 m. env. d'alt., s'apaise en arrivant à la petite plaine de Saint-Crépin, à l'issue de laquelle elle va se grossir de l'abondant tribut du Guil. Cette plaine assez fertile, évidemment ancien lac, a été depuis longtemps le siège d'habitations humaines ; à Freyssinières et à Saint-Crépin, on a mis à jour des sépultures de l'âge de bronze. Nous trouvons à ses alentours des agglomérations intéressantes à des titres divers : Saint-Crépin, Eygliers, Mont-Dauphin, Plan de Phasy, etc.

Eygliers un peu relevé au-dessus de la plaine nous offre, comme beaucoup d'autres localités voisines, une église du XVIe siècle, mais elle est plus sobre d'ornementation que celles signalées ci-dessus. On n'y trouve plus de vestiges de l'ancien monastère de Notre-

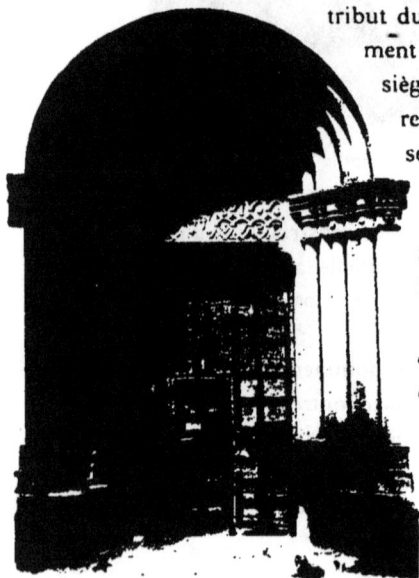

Portail de l'Eglise de l'Argentière

Le rocher de Mont-Dauphin

Dame de Calmes signalé par d'anciens titres. Cette bour-
gade a perdu toute importance depuis la création de Mont-
Dauphin. Au cours des guerres de la fin du XVIIᵉ siècle, l'attention
se porta sur l'énorme rocher, à pic de trois côtés, qui commandait
si bien le confluent de la Durance et du Guil. L'ingénieur Vauban
dessina les fortifications qui de-
vaient le couronner et qui furent
commencées en 1694. L'intention
d'alors était d'en faire un véritable
camp retranché et on essaya d'y
attirer une agglomération à laquelle
une ordonnance royale conféra par
avance le nom de ville. Des
maisons en petit
nombre s'ycons-
truisirent ;
une église
fut

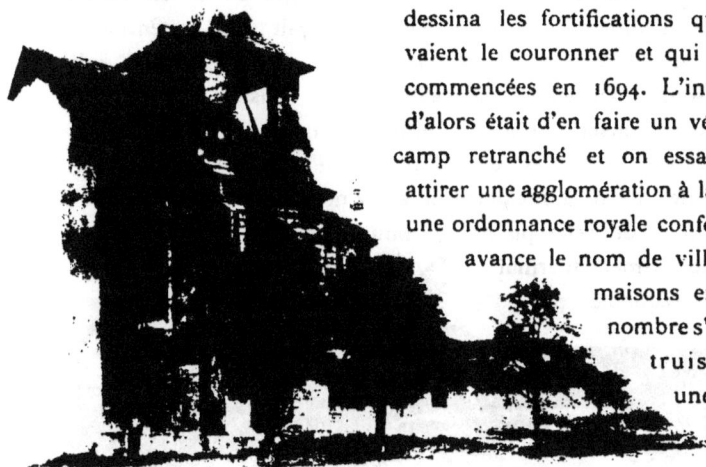

Eglise de Mont-Dauphin

Le Val Durance, Prelles et Saint-Martin de Queyrières

commencée sur un plan monumental, mais elle n'a jamais été achevée, et le chœur, fermé par une cloison de fortune a suffi aux besoins des habitants. La visite de Mont-Dauphin trahit facilement cette disproportion par le grand espace qui est resté vide dans les murailles et par l'utilisation à titre de granges ou de bâtiments culturaux d'édifices dont l'extérieur annonçait une prétention à l'habitation bourgeoise. La population qui n'était évaluée qu'à 3oo personnes au temps de l'abbé Albert (Histoire du diocèse d'Embrun) a conservé ce même chiffre. L'importance de Mont-Dauphin comme forteresse est bien diminuée de nos jours, mais il sert pourtant de caserne à une garnison assez nombreuse.

A l'aval de cette plaine nous pouvons signaler encore le petit établissement thermal du Plan de Phasy, exclusivement fréquenté par la clientèle locale.

Etablissement thermal du Plan de Phasy

Vue de Guillestre

VI

La Porte du Queyras.

Guillestre et la Viste. — La Maison du Roi. — Le Vallon de Ceillac. — Les Gorges du Queyras et la Chapelue.

Le torrent qui vient battre le pied du rocher de Mont-Dauphin, le Guil, est l'émissaire du pays de Queyras.

Vaste contrée montagneuse, entourée de toutes parts d'une barrière qui ne s'abaisse jamais au-dessous de deux mille mètres, le Queyras se compose exclusivement du bassin du Guil et de ses affluents. On y distingue généralement quatre vallées principales, le vallon du Queyras proprement dit, le vallon d'Arvieux, le vallon de Molines et

Eglise de Guillestre

celui de Saint-Véran. Une exclusion qui ne se justifie que par d'anciennes considérations de suzeraineté et de viabilité en distrayait le vallon de Ceillac qui s'y rattache géographiquement. Nous avons rappelé dans la préface que la véritable origine de ce nom se trouve dans la dénomination romaine de l'ancienne peuplade qui l'habitait, les *Quariates*.

On arrive dans cette région par Guillestre qui, construite en dehors du bassin du Guil, comme l'indique son nom *(Guil extrà)* n'en est pas moins la véritable porte du Queyras.

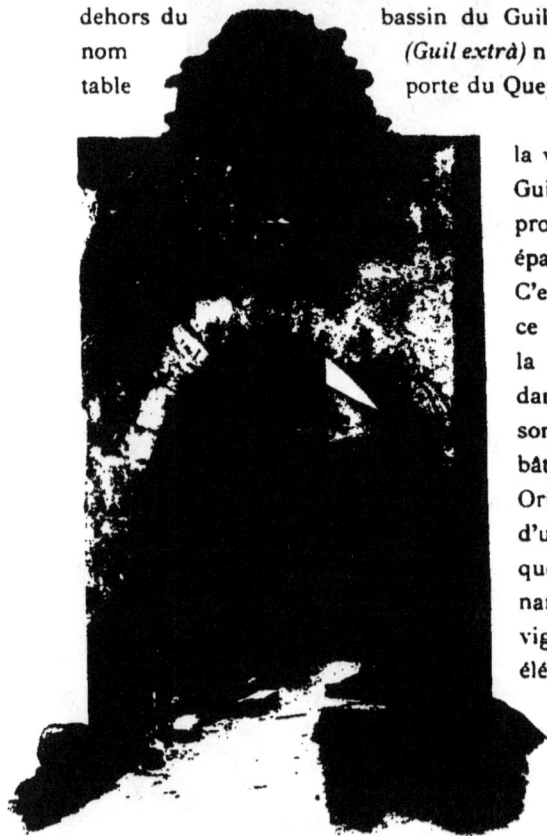

Porte de Guillestre

A son débouché dans la vallée de la Durance, le Guil s'est creusé un lit profond dans une couche épaisse de conglomérats. C'est sur un penchant de ce banc de poudingue, sur la gauche du Guil mais dans le bassin du Chagne, son ultime affluent, que s'est bâtie la ville de Guillestre. Orientée au Sud, elle jouit d'un climat assez doux pour que ses collines environnantes soient plantées de vignes, et de nombreuses et élégantes villas lui forment une riante ceinture.

La ville même de Guillestre à 975 m. d'alt. fut une place fortifiée. Les portes qui lui donnaient accès

Porche de l'Eglise de Guillestre

existent encore ainsi que des parties notables de sa muraille et
quelques-unes des tours qui la défendaient. Elle s'en est ressentie
comme d'ordinaire par l'étroitesse de ses rues et l'élévation de ses
maisons. Ses fortifications sans doute bien plus anciennes, furent
réparées de 1392 à 1398 (J. Roman, Répertoire archéologique). Elles
valurent à la malheureuse cité d'être prise et reprise plusieurs fois,
et toujours dévastée, au temps des guerres de religion.

L'étroite place de Guillestre est ornée d'une fontaine
surmontée d'un obélisque, monument élevé par ses conci-
toyens à la mémoire du général Albert (1771-1822) qui fut
l'un des guerriers du Premier Empire. Un médaillon de
bronze reproduit les traits du vaillant soldat, et sur la
face opposée de la pierre une légende rappelle ses glo-
rieuses campagnes.

Mais le principal monument de la petite ville
est son église, dont la construction fut faite

Fontaine Albert

de 1507 à 1532 (J. Roman, loc.cit.)[1]. Le clocher carré à trois étages est surmonté d'une flèche octogonale, flanquée de quatre clochetons triangulaires. La partie la plus intéressante est le porche, supporté par quatre sveltes colonnes dont les deux médianes reposent sur des lions accroupis. Toutes quatre ont des chapiteaux à décorations variées et très artistiques.

On va généralement auprès de

La Rue des Masques

Colonne détritique

Guillestre visiter sur le revers de la colline qui domine le Guil une sorte de faille ou fente profonde dans le poudingue, à laquelle les gens du pays ont donné le nom de Rue des Masques. La résistance inégale du conglomérat a fait de ci de là naître des sortes de rondes-bosses qui, avec beaucoup d'autosuggestion peuvent représenter des têtes. Tout

(1) Voir Bulletin de la Société d'études des Hautes Alpes, III, 1884, p. 153 et VI, 1887, p. 334.

8

Pointe des Henvières

auprès de l'entrée de cette charrière, longue de plusieurs centaines de
mètres, on remarque sur la pente quelques colonnes détritiques, for-
mées de fragments plus solides qui ont résisté à l'érosion.

En remontant le cours du Chagne, on parviendrait au col de
Vars qui donne sur la vallée de Barcelonnette, et si l'on prenait un
vallon qui s'ouvre sur sa rive droite un peu en amont de Guillestre
on accéderait au Val d'Escreins, vestibule des belles cimes des
Henvières (3273 m.), de la Fontsancte (3370 m.), de Panestrel (3259 m.)
et des Houerts (3236 m.). Mais pour pénétrer dans le Queyras, il faut
rentrer dans le vallon du Guil, et pour cela la route actuelle s'élève
par deux grands lacets au-dessus de la ville et va chercher une
terrasse élevée, d'où l'on jouit d'un admirable coup-d'œil sur Guillestre et ses environs, ainsi que sur la vallée de la Durance : on
l'appelle avec raison la Viste. Sous peu une route en construction
pénétrant plus tôt dans une partie basse et jusqu'à présent inaccédée
des Gorges du Queyras dispensera les transports de monter à la Viste,

mais les touristes amateurs de beaux spectacles feront toujours ce détour.

De la terrasse de la Viste, la route descend en pentes rapides et avec de brusques tournants dangereux pour les cycles et les automobiles jusqu'au niveau du Guil qu'elle atteint au Pont de la Pierre, à la Maison du Roi (5 kil. de Guillestre).

On désigne sous ce nom une auberge isolée bâtie au confluent du Cristillan et du Guil, et dans laquelle la légende prétend que le roi Louis XIII se serait arrêté en 1629 lors de la guerre contre la Maison d'Autriche. Si l'histoire paraît un peu controuvée, le roi ayant en réalité passé le Mont Genèvre, on montre du moins dans une des salles de l'auberge un tableau orné de fleurs de lys et d'une couronne royale, et portant ces mots « Sauvegarde du Roy. »

Le torrent qui vient ici se jeter dans le Guil, et qui porte le nom de Cristillan, écoule les eaux de la vallée de Ceillac. Comme la

La Maison du Roi

plupart des vallées briançonnaises, celle-ci, qui remonte franchement à l'Est, débute par un étranglement où le ruisseau se brise en
cascatelles, et où les mélèzes viennent rafraîchir leurs bras à l'écume
bondissante.

En quatre à cinq kilomètres, on débouche sur un vaste plateau
très horizontal où le torrent paisible erre presque indécis au travers
de terrains marécageux. Là l'assèchement de l'ancien lac n'est ni bien
ancien ni bien complet : c'est le plateau de Ceillac (1630 m.)

Deux hauts vallons en divergent : l'un au Sud-Est, verdoyant et
assez boisé, porte le nom de vallon de Tronchet, et avec de maigres
hameaux remonte vers le glacier de la Fontsancte pour aboutir à la
vallée de l'Ubaye par les cols Tronchet et de Girardin. On y remarque
le beau lac des Près-Soubeyrans.

L'autre, plus à l'Est, où le ruisseau conserve   le nom de
Cristillan, montre bien davantage la plaie
de la montagne, par le déboisement et
le ravinement des pentes. Il se dé-
peuple de plus en plus, et certains
hameaux y sont abandonnés. Il
communique avec la vallée de
Saint-Véran par le col des Estronques et remonte jusqu'au
Péou Roc (3201 m.), à la Pointe de
Cristillan et à la Tête de Longet
(3059 m.) Le col de Cristillan
(3000 m. env.) le rattache aux sources de l'Ubaye. C'est là qu'on a
trouvé gravée sur la roche une sin-

Portail de l'Eglise
de Ceillac

gulière inscription datée de 1710
en l'honneur de Victor Amédée duc de Savoie.

Au confluent des deux vallons, à l'amont de
l'ancien lac que formaient leurs eaux, le pauvre village
de Ceillac se tapit au pied de la colline que domine le

Village de Ceillac et Col des Estronques

Signal Berger (2612 m.) Presque com-
plètement détruit par des incendies successifs, en 1737,
en 1888, en 1889, il ne se compose que de maisons neuves, à
l'aspect misérable quand même, alignées le long d'une rue. Son
église, sans caractère, a échappé à ces désastres : une légende
gothique au linteau de la porte donne la date de sa construction 1501.
A l'intérieur on remarque dans la chapelle latérale de
gauche un rétable en bois sculpté et doré, malheureusement veuf d'une partie de ses statuettes.

Le monument le plus intéressant, l'ancienne église, se trouve
dans le hameau voisin, dit de la
Clapière. Cette église, surmontée
d'un haut clocher et dé-
diée à Sainte-Cécile,
paraît remonter au
XVᵉ siècle. « La
« porte à plein
« cintre est can-
« tonnée
« de deux   Eglise de Ceillac
« colonnettes engagées

« avec chapiteaux à feuillages à crochets. De chaque côté est
« une sorte de console représentant un personnage à cheveux
« longs, les bras pendants et sans jambes..... Peut-être supportaient-
« elles jadis un porche !..... On y remarque un bénitier ayant à
« chaque angle des saintes debout. » (J. Roman, Répertoire archéologique.)

Dans cette vallée de Ceillac le climat et le sol ne sont pas plus
mauvais que dans le reste du Queyras, mais la culture bat en retraite
par suite de l'envahissement des éboulis, et la population qui était
de 1100 âmes au temps de l'abbé Albert (1783) se limite aujourd'hui
à 376 habitants. On dit, sans preuves certaines, que c'est de Ceillac
que sortirent les Guérin, aïeux du cardinal et de Madame de Tencin.

Gorges du Queyras : le Veyer

En amont du confluent du
Cristillan, la vallée du Guil tourne
presque complètement au Nord,
et la route entre alors dans ce
magnifique défilé de douze kilomètres de long, appelé la Combe
de Queyras, et où l'art des ingé-
nieurs a vaincu la nature. Entre
d'immenses parois de rocs, tantôt étroitement resserrés,
tantôt un peu plus évasés,
le Guil d'abord, la route
ensuite se sont frayé un
passage. Parfois une pente
suffisamment terreuse permet à la forêt de pins de
descendre jusqu'au torrent ;
parfois au contraire c'est la
roche abrupte qui vient se
plonger dans les eaux. En certains points le Guil limpide,

Gorges du Queyras

d'un bleu verdâtre, court sans bruit entre des berges moussues, tantôt il se brise avec fracas en des rapides écumeux. Ici les moindres anfractuosités des parois ont donné prise aux racines des pins, là la muraille blanche s'élève jusqu'au ciel.

A sept kilomètres de la Maison du Roi, on trouve un petit élargissement, quelques terres cultivées et un minuscule hameau : c'est le Veyer. Cet établissement est d'une antiquité respectable : déjà nommé *Veyarium* dans un titre de 1290, M. l'abbé

Gorges du Queyras

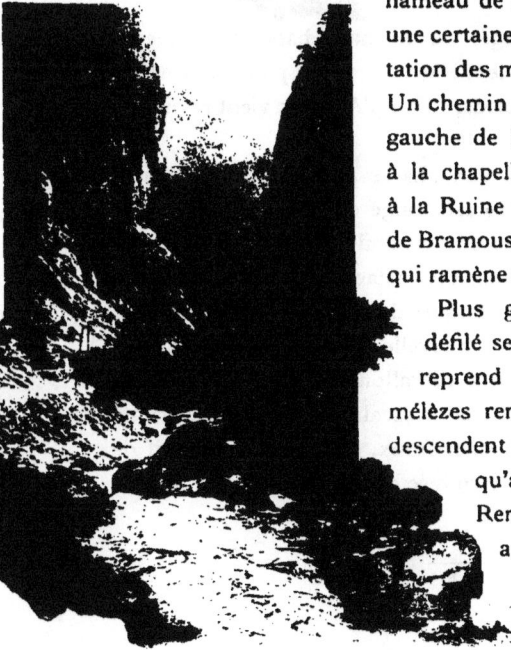

Guillaume y place le *Vendanum* du testament du patrice Abbon (739). De là un chemin assez raide monte au Chatelard et aux Escoyères, l'ancienne résidence du gouverneur romain du Queyras.

Un peu en amont, les deux ou trois maisons qui composent le hameau de la Chapelue doivent une certaine prospérité à l'exploitation des mines de Monbardon. Un chemin s'en élève sur la rive gauche de la vallée et conduit à la chapelle de Sainte Arsène, à la Ruine Blanche, aux forêts de Bramousse et au Col Fromage qui ramène à la vallée de Ceillac.

Plus grandiose encore le défilé se resserre et le désert reprend son empire. Les mélèzes remplacent les pins et descendent en rangs serrés jusqu'au fond de la gorge. Remontant directement au Nord, on vient se

Le Roc de l'Ange-Gardien

heurter à un formidable barrage, où un haut banc de rochers, écharpé et couronné de forêts vient intercepter tout passage : c'est le Roc de l'Ange-Gardien. A ses pieds, l'Eau d'Arvieux vient rejoindre la rive droite du Guil.

Si l'on se reporte en pensée aux phases par lesquelles passa le façonnement de cette vallée, on est obligé de reconnaitre ici une station évidente dans le creusement général. Pendant une longue série de siècles le Guil, retenu par cet obstacle au niveau des terres supérieures, dut se précipiter en cascades du haut de l'Ange-Gardien, et puiser dans sa chûte une force nouvelle pour buriner la Combe.

Maintenant la route emprunte ce vallon de l'Eau d'Arvieux et vient y tracer deux grands lacets pour escalader le col qui rattache le Roc de l'Ange-Gardien au Rocher Roux, contrefort du massif de Rochebrune. Là l'initiation est terminée et l'on aborde enfin le véritable plateau du Queyras.

9

Vue de Château-Queyras

VII

Le Queyras.

Château-Queyras et Ville-vieille. — Aiguilles et ses châteaux. — Abriès et ses environs. — La beauté des mélèzes. — L'Alpe de Médille et le Pic de Ségure.

Du col de l'Ange-Gardien la vallée s'infléchit au Nord-Est et l'on aperçoit une nouvelle barricade formée par le rocher pyramidal que surmonte le fort de Château-Queyras. On laisse à gauche la route du vallon d'Arvieux, les montagnes de chaque côté s'écartent et s'abaissent : on sent que l'on arrive au plateau supérieur et que l'on aborde la partie riante, ensoleillée et plantureuse de la région.

Il a vraiment fière allure ce donjon de Château-Queyras, perché au-dessus de la faille étroite qui le limite au Sud et de la Gorge de Souliers qui le baigne au Nord-Ouest. Le roc était déjà surmonté d'un château en 1339, mais c'est au XVIIe siècle qu'il commença à être sérieusement fortifié, et le célèbre Vauban compléta ses défenses.

La Gorge du Guil à Château-Queyras

C'est encore aujourd'hui une caserne et un point d'appui pour la garnison de la vallée. (1340 m. d'alt.)

A l'ombre du château un village s'était formé s'allongeant jusqu'au collet qui relie le mamelon du fort aux pentes de la Croix

Ville-Vieille et Château-Queyras vus de la route de Molines

de la Brèche (2326 m.) épaulement du Pelve ou Pic de Lagrenier (2800 m.) Il sert de point de départ au Nord à la route du vallon de Souliers, au Sud à celle du Sommet Bûcher (2260 m.) où le génie a créé une redoute plus efficace.

La vallée s'élargit encore, et le Guil paisible coule entre les cultures. Au Sud, une large trouée se manifeste, c'est le débouché de la vallée de Molines. Au confluent de l'Aigue Agnelle qui en découle et du Guil s'entassent les maisons de Ville-vieille. Cette agglomération était autrefois la plus importante du Queyras, et l'on s'accorde à y voir la *Vuita-Vitole* du testament du patrice Abbon (739.) Cette suprématie s'affirmait au Moyen-Age par la détention des *escartons* du Queyras (Archives des franchises). Ces escartons étaient renfermés dans une armoire à sept serrures, et chacun des syndics des sept communautés du Queyras possédait une clef: il fallait qu'ils fussent réunis pour que l'armoire pût s'ouvrir. L'église de Ville-vieille, plusieurs fois saccagée et mutilée, incendiée même au cours des guerres de religion, ne présente plus aucun caractère. Toutefois au tympan de la porte se trouve gravée avec la date de 1635,

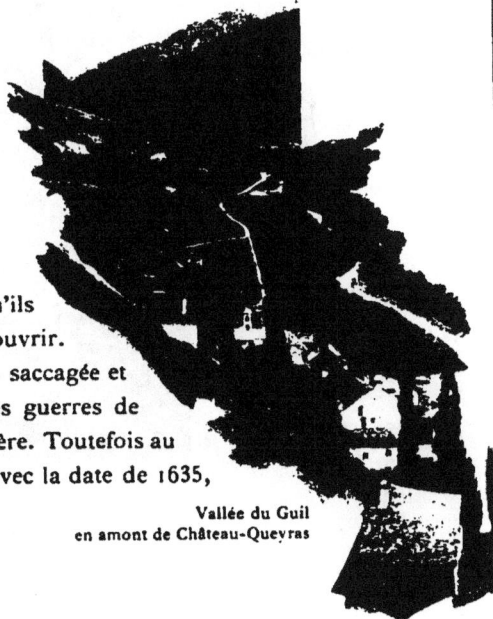

Vallée du Guil
en amont de Château-Queyras

une curieuse légende rappelant le sac de 1574 par les calvinistes. Le plein cintre à cinq cannelures rentrantes repose sur des sortes de chapiteaux représentant des figures humaines d'un modelé fort primitif.

Au delà de Ville-vieille, se présente un nouvel étranglement et des gorges en miniature qui relèvent d'environ quatre-vingt mètres le niveau de la vallée. On laisse à gauche à une certaine hauteur au-dessus de la route les débris de la Pierre-Fiche, ancien monolithe, probablement menhir, qui a été renversé et brisé dans une recherche de prétendu trésor, et on commence à apercevoir les maisons d'Aiguilles. (Autrefois Aguilli, corruption pour Au Guil.)

Dans une plaine verdoyante, à la base de collines bien cultivées, le gros bourg d'Aiguilles (1450 m.), capitale administrative et judiciaire du Queyras, frappe les regards par son aspect d'opulence.

Porte de l'Eglise de Ville-Vieille

Les Queyrassins sont gens à l'humeur entreprenante et aventureuse. L'hiver ils allaient au commerce, comme les gens de l'Oisans, mais ils étendirent le théâtre de leurs opérations, et au commencement du XIXᵉ siècle, certains d'entre eux fondèrent dans l'Amérique du Sud, notamment à Buenos-Ayres et à Rio-de-Janeiro, des maisons bientôt prospères. Animés d'un vif amour du pays natal, ils y reviennent après fortune faite, laissant la maison au fils, au neveu ou au cousin, qui va à son tour y amasser l'aisance. C'est grâce à cette situation qu'après les terribles incendies de 1886 et de 1889, Aiguilles, nouveau Phénix, s'est relevée plus belle et mieux bâtie de ses cendres. On y sacrifie même à un certain luxe : l'hôtel de ville est une belle maison en pierres de taille, et trois fontaines monumentales distribuent une eau fraîche et salubre. Tout autour du village, les millionnaires se sont fait construires de riches villas, et dans la belle saison les fêtes et les parties de plaisir s'y succèdent sans interruption. Grâce à sa situation ensoleillée et abritée, Aiguilles était déjà un centre d'habitation au temps de la domination romaine, car on a trouvé tout auprès, dans le ruisseau de Peinin « une stèle en « schiste, cintrée dans sa partie supérieure, le cintre rempli par une « rosace à douze pétales entre deux dauphins » (J. Roman, Répertoire archéologique) avec une inscription mutilée indiquant qu'un certain Vennonius avait acquis le droit de cité.

Aiguilles, d'un séjour si agréable pour ses habitants, est en général délaissée par les touristes qui se hâtent de courir à Abriès.

La plaine s'incline plus franchement vers l'Est, et avec une pente à peine suffisante pour le cours des eaux elle se prolonge, gracieuse comme une allée de parc, pendant cinq kilomètres jusqu'à Abriès (1552 m.) Durant ce trajet la rive gauche du torrent est couverte d'une magnifique forêt de mélèzes dont la verdure joyeuse s'élève à une très grande hauteur ; tandis qu'on voit en face de soi les pentes herbeuses de la Colette de Jily agrémentées tantôt par la tête chauve du Pelvas, tantôt par la pyramide aigüe du Bric-Bouchet.

Au pied de la chaîne frontière, au point de rencontre du vallon du Haut-Guil et du vallon du Roux, prédécesseurs des hauts pics, Abriès (Villa Abriarum, au XIVᵉ siècle) est la capitale alpiniste du Queyras. Les voyageurs y affluent pendant la saison des courses, et ils y ont apporté l'opulence et le

Aiguilles

confort. Aux temps héroïques de l'alpinisme, le grimpeur W. A. B. Coolidge s'y complaisait Au Chamois des Alpes dans l'auberge de la veuve Richard. Vers 1884, je trouvais un peu plus de propreté à l'hôtel Carlhian, mais ces installations rudimentaires ne pouvaient suffire aux simples touristes.

En 1894 une société se forma qui construisit à l'entrée d'Abriès le Grand Hôtel. Parfaitement administré par un maître d'hôtel qui a fait ses preuves sur la Côte d'Azur, le Grand Hôtel d'Abriès fournit à ses visiteurs tout le confort moderne, et il est venu considérablement faciliter et multiplier les excursions constamment faites autour d'un centre si favorable. Des guides sûrs et consciencieux conduisent à toutes les cimes environnantes, même au Mont Viso, et un

Une rue d'Aiguilles

loueur de voitures fort raisonnable permet aux estivants les rapides transports comme les indolentes promenades. Comme facilités d'accès et de séjour et comme variété d'excursions, Abriès n'a rien à envier aux centres alpins les plus renommés : aussi a-t-il vu en peu d'années décupler le nombre de ses visiteurs.

Fontaine d'Aiguilles

L'Adret d'Abriès

Le torrent du Bouchet divise Abriès en deux parties, l'Adret et la Ville.

L'Adret (rive droite) bien ensoleillé a subi ces dernières années de considérables transformations. Les pittoresques chaumières qui le composaient se sont abattues pour faire place à de blanches villas, précédées de jardins aux allées sablées et aux grilles forgées. De l'Adret part un chemin de Croix où douze oratoires forment les stations qui conduisent à une assez grande chapelle d'où l'on domine un ravissant panorama.

La ville se distingue par son église et par sa halle. L'église plusieurs fois réparée et restaurée n'a d'intéressant que son clocher à deux étages, surmonté d'une flèche octogonale, et son portail :celui-ci à plein cintre, avec un linteau orné d'entrelacs gothiques, est

Grand Hôtel d'Abriès

supporté de chaque côté par trois colonnettes avec chapiteaux fort simples. Il devait être précédé d'un porche aux colonnes soutenues par des lions analogues à ceux d'Embrun, de Guillestre, etc. Les lions seuls encore en place quoique fort mutilés en donnent témoignage.

Sa proximité de la frontière, l'accès facile que divers cols débonnaires donnent vers Abriès aux vallées italiennes, en ont fait de tout temps le centre d'un important marché. Aussi y a-t-on élevé au milieu du village une halle aux piliers trapus, remarquable par sa robuste architecture et par les bons conseils qu'elle prodigue aux marchands. Sur des cartouches distribués aux trois piliers centraux, on lit les inscriptions suivantes :

> Un seul Dieu tu adoreras
> et aimeras parfaitement
> et ton prochain comme toi-même.
> Partant faites poids et mesure,
> car de telle mesure que vous mesurerez
> il vous sera mesuré.
>
> St-Luc, 6ᵉ chap. 1609.

La Halle d'Abriès

I. M. L. M. consuls :
Ce que vous voudrez que les hommes
vous fassent
Faites le leur.
MDCIX.

Sur la façade de la halle sont peintes des inscriptions plus récentes et fort humanitaires. Citons seulement celles-ci :

Tous les jours on voit orné d'un faux visage
Impunément le fou représenter le sage.
Cultivez avec soin l'amitié de chacun
A l'égard des procès n'en intentez aucun.

Abriès et la Vallée du Roux

Un des charmes particuliers que l'on apprécie à Abriès est la beauté des mélèzes qui forment l'élément dominant de ses bois. Des fenêtres du Grand-Hôtel on a sous les yeux la reposante verdure de la forêt de Marassan, au travers de laquelle on voit chaque jour de longues théories de bêtes à cornes se rendre d'un pas tranquille au pâturage et en revenir. On y accède par un petit pont sur le Guil, et on trouve en face de soi une multitude de sentiers qui se croisent et s'entrecroisent avec un sol doux au pied, ameubli par les aiguilles

L'Alpe de Médille

du bel arbre, au port si noble et si
fier. Par le Tapis des Mélèzes, ils conduisent au Bois des Oiseaux, à la Meule Basse, au Pré
Richard, au Plateau des Chèvres et jusqu'à la Laume de
Marassan. Dans la vallée du Roux, au Bois de la Brune
et de l'Issartin, près du ravissant Valpréveyre, au bois
gracieux de Mamozel on retrouve l'ombrage et la
parure du mélèze. Et tout au
long de la haute vallée du
Guil le Bois de Jassaygne et le
Grand-Bois vous dispensent
à loisir d'aussi agréa-
bles promenades.

Quand on peut
allonger la marche
les deux excur-
sions princi-
palement re-
commandées
sont : l'Alpe
de Médille et
le Pic de Ségure.

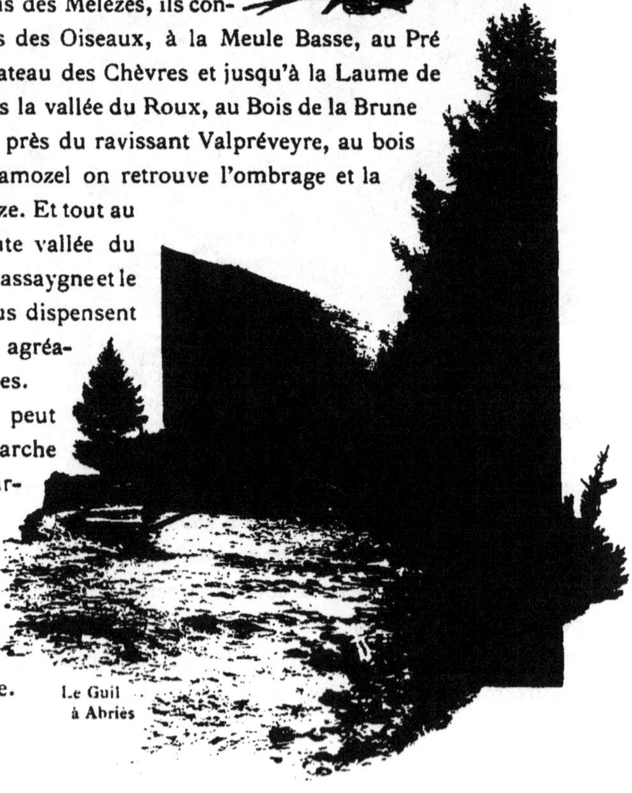

Le Guil
à Abriès

Vers l'Alpe de Médille, on remonte la haute vallée du Guil pendant six kilomètres par une excellente route jusqu'à l'Echalp. En face du village un pont pittoresque, disposé pour ne permettre le passage que d'une vache à la fois, vous conduit sur la rive gauche du Guil, où un large chemin à pente assez rapide vous amène bientôt dans une forêt parsemée de rocs moussus. En moins d'une heure, on s'élève en serpentant parmi les blocs jusqu'à un délicieux pâturage, dont la conque est inclinée au Nord, et où de nombreux ruisselets entretiennent une constante fraîcheur. C'est l'Alpe de Médille, admirablement disposée pour une halte ou pour des jeux. Montez au haut de la prairie, par deux lacets escaladez un ressaut rocheux, et vous arriverez sur les bords d'un lac minuscule, dont l'eau pure et transparente reflètera suivant votre position les orgues du Pelvas ou les lauzes de la Taillante. Encore quelques pas, et du belvédère de la Croix de Médille vous jouirez d'un panorama sans rival sur les sources du Guil, le Col Valante et l'imposante muraille du Viso.

Le Pic de Ségure (2997 m.) est l'ascension favorite des estivants d'Abriès. Sur la route du Haut-Guil, on s'arrête à Ristolas (1633 m.), à quatre kilomètres d'Abriès, et on prend au Sud la Combe de

Le Lac de Médille
et le Pelvas

La vallée du Guil vue du chemin du Col Vieux

Ségure. Une montée charmante dans les beaux mélèzes du Grand-Bois d'abord, puis au travers de luxuriantes prairies, conduit en quatre heures au pied des rocailles par lesquelles se termine l'ascension du pic. Le belvéder est splendide et l'on en scrute à loisir toute la chaîne frontière du Bric Froid au Mont Viso. On y est généralement exempt des brouillards qui gênent si souvent la vue du Pelvas, et si l'on ne craint pas trop la fatigue des éboulis, on peut en descendre sur l'Alpe de Médille et jouir au retour de ses séduisants tableaux. C'est une journée merveilleusement remplie.

VIII

Les Vallées Latérales.

Vallon d'Arvieux et vallon de Molines. — Vieilles coutumes et vieilles chroniques. — Rochebrune et la Casse des Oules. — Fontgillarde et Saint-Véran. — Les Demoiselles de Molines.

———

Autour du sillon du Guil, le Queyras s'épanouit par ses vallées latérales. Celles-ci, un peu plus reculées, sont le refuge des vieilles coutumes et des croyances enracinées. Comprises dans ces régions désignées sous le nom de Vallées de Félix Neff, les paroisses de Molines et d'Arvieux sont les centres principaux de la religion réformée dans ces montagnes.

C'est en aval du Roc de l'Ange Gardien que l'Eau d'Arvieux vient se jeter dans le Guil. Son cours, dirigé en majeure partie du Nord au Sud, se combine avec ceux du Bléton, de la Cerveyrette, de la Durance et du Guil pour délimiter un massif de montagnes, peu habité et peu visité, où se trouvent des cimes à noms bizarres, le Pic des Esparges Fines, le Pic du Haut Mouriare, le Pic du Jalon, Jambe-Route, le Pic du Béal-Traversier ou des Echardonnières, la Dent du Ratier, etc. Principalement traversé par le Col de Néal, creusé par le vallon de Furfande, ce massif, qui se termine au Nord vers Briançon par les Pics de Jean-Rey et de Pierre Eyrautz et qui présente des

Chemin du Col Izoard

dentelures   extraordinaires,
forme le flanc occidental du
bassin d'Arvieux.

Le torrent prend sa
source au nœud de
ce massif, au   pied du Col de
Néal, se formant des   écoulements des
Pics de Balart, de Chabriller   et de Mara-
voise, et il se dirige d'abord sensible-   ment au
Nord, au travers de prairies entourées de   rocailles. Il laisse sur sa rive droite un plateau où au milieu d'un petit
lac se trouve la Motte Tremblante parfois comprise au nombre des
Sept Merveilles du Dauphiné. Parvenu au pied du Col des Ayes,
il incline à l'Est, et ramené par la puissante masse du Pic de Beau-
douis, il prend au pied du
Col des Ourdeis la direc-
tion du Sud-Est qui passe
franchement au Sud
après sa rencontre
avec le ruisseau
écoulé du Col Izoard.
Au sortir de gorges
rocheuses et déchi-
rées, il vient ar-
roser les prairies

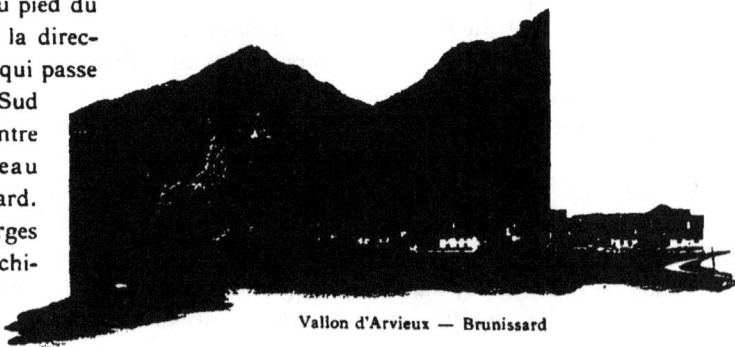

Vallon d'Arvieux — Brunissard

Route du Col Izoard — Dans la Casse

du village de Brunissard, et prend le nom de Torrent de la Rivière.

Brunissard (1785 m.), à la base des lacets de la route du Col Izoard, touche presque immédiatement aux fantastiques casses qu'elle traverse dans un paysage infernal, et les champs verdoyants qui l'entourent forment un contraste frappant avec ces pentes désolées.

Vue d'Arvieux

La route suit maintenant le torrent, et laisse à gauche dans une sorte de golfe de cultures le village de la Chalp qui fut pendant de longues années la résidence du pasteur Félix Neff.

La rencontre d'un ruisseau qui descend du lac de Lauzon épanouit la vallée et donne une large assiette au hameau du Coin avant-coureur du centre principal d'Arvieux, dit aussi la Ville (1550 m.) Emblème du partage aujourd'hui placide des deux religions, le temple protestant se dresse presqu'exactement en face de l'église. Il est neuf et sans caractère. L'église date du XVIe siècle, et la partie la plus curieuse en est le porche « soutenu « d'un côté par une « colonne avec cha- « piteau à person- « nages, et de « l'autre par un

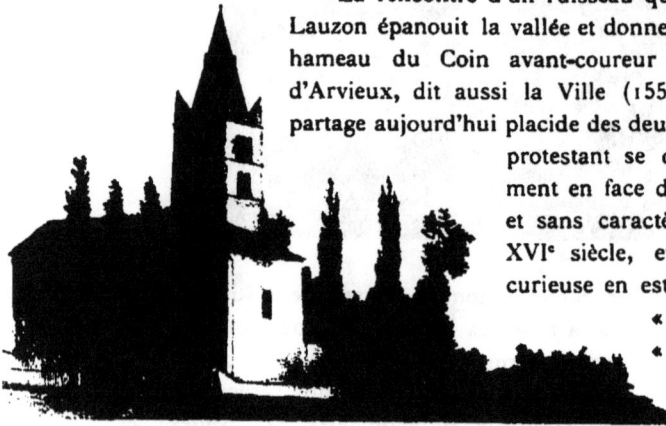

Eglise d'Arvieux

La Chaine de Rochebrune vue de Bramousse

« chapiteau à feuillage à crochets encastré dans le mur du clocher ;
« il surmontait autrefois une colonnette reposant sur un petit per-
« sonnage grotesque accroupi. » (J. Roman, Répertoire archéologique.)

Dans cette vallée d'Arvieux subsistent un grand nombre de
vieilles coutumes, et notamment celle qui, sans distinction de
religion, classe les habitants en Gens de la Belle et Gens de renom.
Ceux-ci sont moins considérés, et les deux classes ne s'allient pas
entre elles.

Tout-à-côté de cette vallée
d'Arvieux un autre sillon
moins profond vient creuser
les pentes méridionales de
Rochebrune : c'est le vallon de

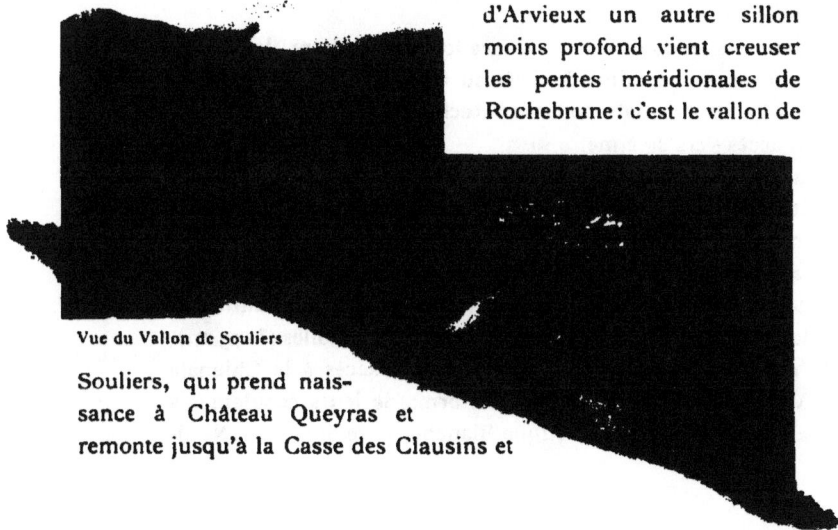

Vue du Vallon de Souliers

Souliers, qui prend nais-
sance à Château Queyras et
remonte jusqu'à la Casse des Clausins et

Vue générale de St-Véran

jusqu'à la haute cime. C'est un des chemins d'ascension du beau pic du Grand Rochebrune. Nous en avons indiqué un autre du Refuge du Col Izoard, par le Col Perdu et la Casse des Oules. Gravie par l'un ou l'autre chemin, cette belle cime de 3324 m. fournit un panorama merveilleux qui commande tout le Queyras.

Mentionnons encore à l'Est du vallon de Souliers, le vallon jumeau de Péas qui conduit de Château Queyras au Col de Péas, ouvert dans l'arête orientale du Grand Rochebrune, et qui peut aussi donner un accès vers sa cime.

La vallée de Molines se creuse au-dessus de Ville-Vieille. Elle est le produit de deux grandes vallées supérieures, la vallée de Saint-Véran et celle de Fontgillarde.

La vallée de St-Véran prend naissance à la chaîne frontière, au col de St-Véran ou de la Cavale appuyé au pic de Caramantran et au col Blanchet qui s'ouvre à la base de la Tête des Etoiles (3179 m.). L'un et l'autre par leur revers oriental donnent accès à la Chianale dans le Val Varaita. Le torrent qui se forme de leurs écoulements occidentaux prend le nom de l'Aigue Blanche, et se dirige au Nord-

Ouest, arrosant une vallée de paturages l'une des plus plantureuses du Queyras. Il passe au pied de la Montagne de Beauregard sur le flanc méridional de laquelle s'étage le populeux village de St-Véran.

Saint-Véran, le village pérenne le plus élevé des Alpes Françaises, échelonne ses maisons entre 2005 et 2071 m. d'altitude.

Intérieur de l'Eglise de St-Véran

Suivant un dicton local, c'est *la plus haouto montagno inte se mangio de pan*, le plus haut pays où l'on mange du pain, — et les mesures géodésiques sont venues confirmer ce dicton.

Malgré sa grande élévation, il est loin de présenter un aspect aussi misérable qu'un grand nombre d'autres villages queyrassins. Les maisons y sont grandes, bien bâties ; appropriées au rude climat qu'elles sont appelées à braver, toutes ont leur entrée précédée d'un tambour qui donne aussi accès à l'écurie. De même qu'à Arvieux, on y voit un temple protestant tout moderne. L'église catholique au

contraire est an-
cienne, quoique
plusieurs fois res-
taurée. Une sorte
de porche y donne

Vallée de
Fontgillarde

Vallée de St-Véran et Tête des Etoiles, vues de la Ch...

accès par plusieurs marches encadrées de deux
lions sculptés, et ornées elles-mêmes de figures humaines.

A l'intérieur de l'église on remarque deux rétables en bois sculpté et
doré, une chaire à prêcher d'un travail assez soigné et surtout un
bénitier fort curieux. Taillé dans un bloc dur de granit, il est
recouvert de grossières sculptures représentant autour de la vasque
quatre figures humaines, un dauphin, un guerrier armé de la lance
et d'autres dessins d'une allure ultra archaïque ; vers le pied
s'enroule un serpent.

Au haut du village est une chapelle moderne d'où l'on jouit d'un
magnifique coup-d'œil sur la vallée et les montagnes qui l'enserrent.

Le vallon de l'Aigue blanche se garnit de bosquets en arrivant
auprès du Raux et surtout à la Chalp Ste-Agathe (1780 m.), hameaux
bâtis dans le thalweg, et bientôt il se fusionne avec celui de l'Aigue
Agnelle pour former la vallée de Molines.

Vue de Fontgillarde

Ce vallon de l'Aigue Agnelle, frère jumeau du précédent, est né aussi à la frontière franco-italienne, au pied du Col Agnel (2699 m.) fréquenté par les émigrants piémontais. En raison de ce passage et de l'isolement de la partie haute de la vallée, un grand Refuge a été construit pour fournir aux voyageurs un abri dans la tourmente et un lieu de repos. En aval du Refuge Agnel, la combe large et pierreuse court entre la montagne de Beauregard au Sud et les crêtes de Peinin au Nord, et ne présente pendant plusieurs kilomètres qu'une étendue monotone et désertique. Elle s'anime un peu en arrivant à Fontgillarde (1959 m.), pauvre village perdu à l'aspect bien plus misérable que

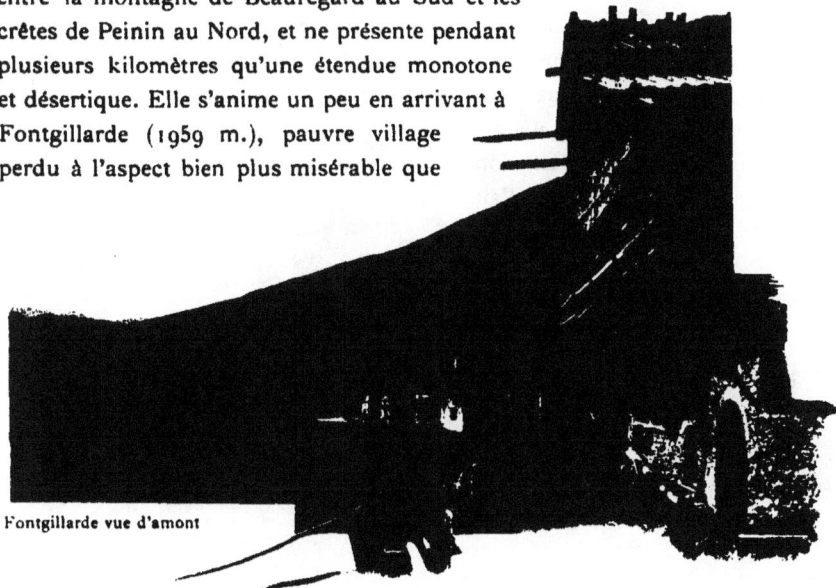

Fontgillarde vue d'amont

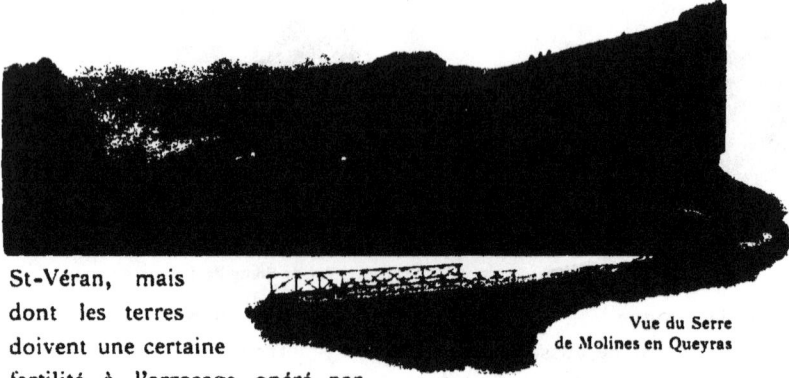

Vue du Serre
de Molines en Queyras

St-Véran, mais
dont les terres
doivent une certaine
fertilité à l'arrosage opéré par
deux grands canaux de dérivation. Une bonne route y commence
qui descend au travers des prairies et passe auprès du petit hameau
du Coin, et au village plus important de Pierre Grosse avant d'atteindre à l'extrémité du vallon le point où il rejoint le vallon de
l'Aigue Blanche.

La vallée dès lors unique, mais non plus évasée, prend le nom
de vallée de Molines. La commune de Molines, jadis fort importante,
a été dévastée presque autant par les incendies et par l'émigration
qu'elle le fût par les guerres de religion. Elle   se compose
d'un certain nombre de hameaux dont
le plus élevé est le Serre, à 1760 m. d'alt.
On y voit encore quelques maisons

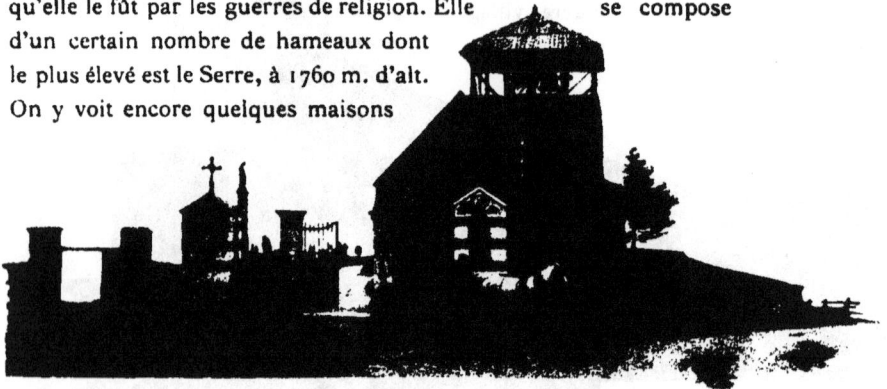

Eglise de Molines

anciennes à murs fort épais et avec fenêtres géminées, enrichies de colonnettes et de chapiteaux sculptés. L'une d'elles, avec une tour, a une porte surmontée d'écussons et d'une inscription en lettres gothiques datée de 1523. Cette maison, nommée la maison Alberge, appartenait à la famille Emé, l'une des plus anciennes du Queyras, qui fut la souche de la famille dauphinoise de Marcieu. Les sculptures et armoiries qui en décorent la porte ont été taillées par un artisan local, sur les ordres de Guillaume Emé, vi-bailli d'Embrun de 1503 à 1534. Les armes de l'un des écussons sont celles de la maison de Marcieu, où la figure principale est un agneau : curieux rapprochement avec ce nom de la vallée de l'Aigue-Agnelle qui conduit au Col Agnel ou de l'Agneau.

L'église de Molines, presque isolée, avait été construite au XVe siècle ; mais à peu près complètement détruite par les Calvinistes, il n'en reste plus que le portail. Tout le reste a été reconstruit et remanié à diverses époques. Mentionnons encore dans le village de la Rua une assez curieuse maison à fenêtre trilobée et géminée, dépendant du Domaine dit de la Tour, avec divers ornements qui ont fait conjecturer à M. Roman qu'elle avait dû être la demeure du châtelain ou du juge du lieu. Laissant sur la droite le hameau de Gaudissart, la route descend assez rapidement au milieu des cultures des Prats, tandis que le fond du vallon se creuse de plus en plus encaissant dans une étroite fissure les eaux de l'Aigue-Agnelle.

A un tournant, on aperçoit sur la rive opposée, des colonnes sculptées par les eaux dans le conglomérat : on les appelle les Barômes ou les Demoiselles de Molines. L'une d'elle conserve encore à son sommet la large pierre qui l'a préservée de l'érosion générale.

Nous avons vu plus haut que cette vallée débouchait dans celle du Guil à l'emplacement de Ville-Vieille.

En amont comme en aval de cette importante vallée de Molines, les massifs qui enserrent la Combe se sont laissés entamer par deux vallons secondaires, ceux de Bramousse et de Peinin.

En face du vallon de Souliers, au Sud de Château-Queyras, le vallon de Bramousse remonte en assez forte pente le flanc boisé de la montagne. Ses gracieuses clairières, laissant à gauche le belvéder du sommet Bûcher (2260 m.), ancienne place de signaux optiques, aujourd'hui couronné d'une forte redoute, conduisent à la base d'un relief étrange où se distinguent plusieurs cimes abruptes, la Roche des Clots (2799 m.) la Rousse (2862 m.), la Petite Mamelle (2618 m.), la Grande Mamelle, le

La Porte de la maison Alberge au Serre

Rasis (2844 m.), etc. Tout auprès, la Ruine Blanche, roche gypseuse crevassée de nombreux avens, s'épanche en une coulée lactée jusqu'aux abords de la chapelle Saint-Arsène, et le col Fromage donne accès à la vallée de Ceillac.

Le vallon de Peinin est tout voisin d'Aiguilles. Il pourrait servir de point de départ pour des pointes assez importantes, telles que le Clot du Loup (2732 m.) et le Pic du Fond de Peinin (2925 m.); mais, il n'a pas la faveur des touristes et il ne se recommande à l'attention que par l'inscription romaine qu'il nous a conservée. Nous avons signalé dans la préface cette stèle de schiste qui, avec de curieux ornements, rappelle le droit de cité d'un certain Vennonius. Mais il ne faudrait la chercher ni à Peinin ni à Aiguilles, car elle a été transportée au Musée épigraphique de Gap.

Fenêtres à la Rua

Arrivée à Valpréveyre

IX

Le Haut-Guil et la frontière.

Du Bric Froid à la Tête des Etoiles. — Valpréveyre et le Pelvas. — Le Col de la Croix et le Col Valante. — Les Refuges Napoléon. — Le Pic d'Asti et le Col Vieux. — Le lac Lestio et le lac de Malrif.

Le Queyras confine de trois côtés à l'Italie. La plus grande partie de cette section de la chaîne frontière se développe autour d'Abriès par les deux bassins qui y convergent du torrent de Bouchet et du Haut-Guil.

Ils sont séparés l'un de l'autre par la Tête du Pelvas et son puissant éperon occidental, la Crête d'Abriès et la Colette de Jily.

Le bassin septentrional s'appuie à l'Ouest au vallon de Malrif par le Pic de Clauzis et la Crête des Clauzis qu'il projette au Sud. La ceinture frontière commence au Rocher des Turres, gagne par le Col des Turres le Bric Froid ou Punta Ramière (3310-3302 m.) le point

Valpréveyre et le Bric-Bouchet

culminant de cette partie du relief, puis tournant à l'Est continue par des crêtes sans caractère que l'on nomme : Rocher Charcheyme, Pic Charbonnel, Tête de Frappier (3000 m.), dans lesquelles s'ouvrent le col Fionnière et le Col la Mayt, jusqu'au Grand Queyron (3067-3061 m.), où elle s'incline au Sud. Elle poursuit alors par le col St-Martin ou d'Abriès (2650 m.), passage assez fréquenté vers le Val Pellice, le Bric Bouchet ou Punta Boucier (3003-2998 m.) le Col Bouchet, le Col de Malaure (2567), le Pic de Malaure (2811-2781 m.)

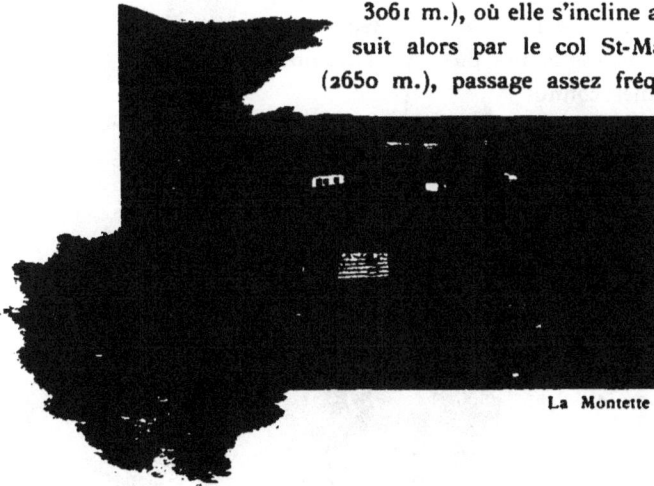

La Montette

Vue du Roux

et le Col d'Urine pour
atteindre la Tête du Pelvas ou
Mont Paravas (2936-2929).

Le principal émissaire de ce réceptacle est le
torrent de Bouchet qui commence au pied des cols Bouchet et de
Malaure, arrose le charmant vallon de Valpréveyre, et laissant sur
sa rive droite le village du Roux vient se jeter dans le Guil à Abriès.
Il a pour affluent le torrent de Golon qui se forme à la Montette de
la réunion du torrent de Gayet et du ruisseau du Val Fourane. A
part les délicieux bois de mélèzes de l'Issartin et de Mamozel, cette
région est essentiellement pastorale et ses pentes régulières ne recè-
lent aucune embûche. Les touristes y pénè-   trent pour
aller contempler du facile Bric Froid un pano-   rama admirable, ou pour aller braver les difficultés du   sensation-
nel Bric Bouchet. Le premier connut
pour vainqueur Paul Guillemin, l'intrépide pionnier du Queyras, et se laissa
gravir sans raideur le 6 septembre 1877,
tandis que le Bric Bouchet après une
défense désespérée avait le 5 septembre
de l'année précédente réservé au même
alpiniste la déconvenue d'une ascension
italienne antérieure de douze jours.
Les promeneurs y vont admirer les

Eglise et Place du Roux

calmes et reposantes verdures du vallon de Valpréveyre, et les uns comme les autres peuvent trouver un asile confortable dans le joli village du Roux (1767 m.), gracieusement étagé sur les pentes de la Crête de Reychasse.

* *

Le Haut-Guil rèserve à ses visiteurs des beautés supérieures : c'est la perle, le joyau de tout le Queyras.

Le Bric Bouchet vu du Pelvas

D'Abriès on commence généralement par aller le contempler du haut de la cime du Pelvas. C'est par la Colette de Gily qu'on aborde le plus souvent l'ascension de ce merveilleux belvédère, et l'on s'élève directement au-dessus du village par des chemins pierreux et rapides. Cette première étape, la plus difficile, franchie, une fraîche forêt de mélèzes vous amène aux prairies et aux rocailles de l'arête : on jouit déjà d'un charmant coup-d'œil dont la contemplation abrège le chemin, et l'escalade terminale ne présente pas de sérieuses diffi-cultés. Au Nord, au Sud, à l'Ouest et à l'Est, le panorama est incomparable, bien que cette dernière direction soit fréquemment gênée par les brouillards. Mais le coup-d'œil qui vous livre les curieux abrupts du Bric Bouchet le cède à la merveilleuse ampleur dont se pare le superbe Viso, autour duquel toutes les autres crêtes

Ristolas et le Col de la Croix

ressemblent à des courtisans agenouillés. Quand on est rassasié de ce prestigieux spectacle on vient chercher au Nord un passage qui contourne les éboulis, et on rejoint le chemin du Col d'Urine pour jouir à la descente de l'ombrage du bois de l'Issartin et des douces senteurs des prairies bien nommées de Valpréveyre. On rentre à la nuit à Abriès après une prometteuse initiation.

Une bonne route part d'Abriès dans la direction du Sud remontant sur sa rive droite le cours paisible du Guil.

Au travers de campagnes encore fertiles on ga-   gne en six kilomètres le village de La Monta, après avoir   laissé à

La Monta, vue d'amont

L'Echalp et son Canal

droite, à l'entrée du vallon de Ségure, Ristolas, le chef-lieu de la dernière commune du Queyras. La Monta, où furent exhumées des sépultures de l'âge de bronze, prend son nom de la montée au Col de la Croix dont elle est le point de départ. Malgré son élévation (1680 m.) ce village témoigne d'un intéressant souci d'art, car plusieurs de ses chalets sont sculptés, et certains sont ornés d'inscrustations et d'inscriptions.

Encore un kilomètre et l'on atteint l'Echalp ou les Chalps, le dernier village de la vallée, qui présente un aspect fort original à raison du canal d'arrosage qui le traverse, supporté sur de hauts piliers. Plusieurs de ses maisons datent du commencement du XVIIᵉ siècle et sur l'une d'elles on relève la date de 1620.

La route et la partie relativement large de la vallée se terminent un peu

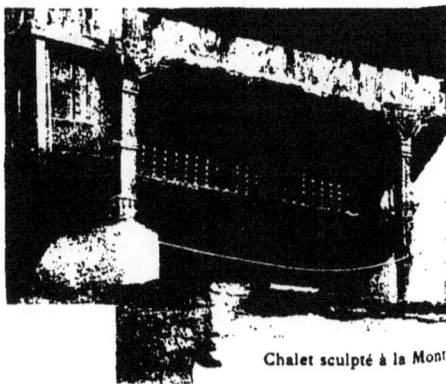

Chalet sculpté à la Monta

plus loin, et dès lors, par un bon chemin muletier, on remonte une gorge resserrée entre des contreforts tapissés de mélèzes. Tout à coup, au détour d'un promontoire, on aperçoit la resplendissante vision du Mont Viso écharpé de neiges. On laisse à droite de l'autre côté du Guil un site grandiose que l'on appelle le Rocher Ecroulé et plus loin la Bergerie de Ruines, puis le chemin escarpe ses lacets pour gravir un ressaut accentué. La montée terminée on débouche dans un magnifique cirque de prairies encadré par les rochers de la Punta Gastaldi, le dôme de la Pointe Joanne et la pointe aiguë de l'Aiguillette, où la majesté du Viso semble s'élever dans les airs au dessus de l'échan-

Vue de l'Echalp

crure du Col Valante. L'illumination change à chaque heure de la journée, variant les détails qu'elle met en lumière, mais le plus magique tableau est celui que forment, au coucher du soleil, les grandioses escarpements du colosse se détachant en rouge pourpre sur l'ombre épandue dans le val. C'est un coup-d'œil inoubliable.

On a depuis Abriès longé sur sa gauche la base de la chaîne frontière qui s'abaisse spécialement au Col de la Croix (2309 m.) et présente jusqu'au Pic Traverse une série de renflements sans importance dont les noms sont différents sur l'un et l'autre versant. Maintenant le relief s'accuse et se redresse et, toujours courant vers le Sud, nous voyons la chaîne dorsale présenter le Pic Traverse ou Punta Barsajosso (2965 m.), le Col Seylières (2826 m.), puis au fond d'un cirque très accusé le Monte Granero (3170 m.) flanqué du beau Mont Meidassa (3105 m.) et dominant le col et le tunnel de la Tra-

Vue du fond du Guil

versette (2950-2915 m.). On atteint alors le véritable massif du Viso qui se poursuit par la longue arête des Rocce Fourioun, la Punta Gastaldi (3269 m.), le terrible Visolotto (3353 m.) et le grand Mont Viso (3843 m.) en dehors de la frontière et complètement en Italie.

La dorsale s'est infléchie à la Punta Gastaldi, et se dirigeant à l'Ouest elle s'est abaissée au Col Valante (2825 m.) pour se relever à la Pointe Joanne (3034 m.), à la Grande Aiguillette (3286-3297 m.) et au Pic d'Asti (3220 m.) d'où l'éperon de la Roche Taillante (3200 m.) se recourbe au Nord pour fermer le bassin du Guil.

Au haut des vallées de Fontgillarde et de St-Véran, nous savons que la chaîne frontière par les cols Agnel et de la Cavale gagne la belle Tête des Etoiles (3179 m.) qui marque la fin du territoire du Queyras.

Ce cirque du Haut Guil, si charmant pour le promeneur, offre à l'alpiniste des buts d'excursion aussi variés qu'intéressants. Pour faciliter l'accès des cimes, le Club Alpin avait aménagé un ancien chalet de pâtres et en avait fait le Refuge des Lyonnais, qui fut particulièrement cher aux grimpeurs de l'âge héroïque. Mais l'avalanche l'avait rasé et en 1902, les efforts combinés du Club

Refuge Ballif-Viso

Alpin et du Touring Club ont édifié sur une tête gazonnée à 2500 mètres environ d'altitude, le Refuge Ballif-Viso, relai destiné au passage du Col Valante comme du tunnel de la Traversette.

Il remplit pour ces passages le rôle tutélaire que l'un des Refuges Napoléon remplit pour le Col de la Croix. Nous avons déjà eu l'occasion en parlant du Col Izoard et du Col Agnel de signaler cette utile fondation qui, exprimée dans le testament de Napoléon Ier, ne put être réalisée que sous le règne de Napoléon III. Sur six grands cols des Alpes, où la circulation hivernale encore très active était rendue dangereuse par les frimas, Col de Manse, Col du Noyer, Col de la Croix, Col Izoard, Col Agnel et Col de Vars, de grands refuges furent construits pour fournir un abri aux voyageurs. Ils devaient être gardés par un cantonnier y demeurant toute l'année, et ils ont

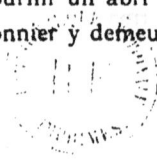

13

en effet rendu de précieux services. Malheureusement l'administration, par mesure d'économie, en a supprimé la garde, sauf pour ceux du Col Izoard et du Col du Noyer, et maintenant ces constructions fermées et inabordables se détruisent par leur inutilité.

Lac Egourgeou et Roche Taillante

Nous avons signalé dans la préface les vicissitudes et la récente réouverture du tunnel de la Traversette qui pourra donner aux touristes français un accès commode vers le revers des Alpes. Jusqu'à présent ils ont peu fréquenté les cimes environnantes si passionnément parcourues et étudiées par les alpinistes piémontais. Outre la vertigineuse ascension du Mont Viso, si courageusement exécutée par M. Paul Guillemin, ce précurseur a fait les premières ascensions de la Pointe Joanne, du Pic d'Asti et de la Roche Taillante. Nombreux furent ses imitateurs qui allèrent sur la Pointe Joanne, de débonnaire accès, jouir de l'impressionnant spectacle de la face Nord du Viso. Plus rares furent les grimpeurs de la Taillante qui exigent pour sa victoire une chevauchée peu confortable. Mais il est du moins aussi facile qu'agréable d'aller examiner la base des longues dalles lisses dont elle est formée par un singulier caprice de la création. En passant en revue les promenades autour d'Abriès nous avons esquissé

Vue de la Taillante

la visite de l'Alpe de Médille. Au delà de la Croix de la Médille s'ouvre une combe de prairies parsemée de bouquets de mélèzes. Le chemin s'y poursuit aisément, et vous conduit en une heure à un replat, sorte de terrasse qui recèle le beau lac Egourgeou, tout entouré de verdure.

La végétation arborescente cesse à cette hauteur et la combe s'élève encore toute tapissée de prairies jusqu'à un deuxième plateau, tout proche de la Taillante, où dort le sauvage lac Foréant (2418 m.). Encore une montée par des prairies plus rocailleuses, mais dont le chemin muletier facilite toujours l'accès, et on atteint l'arête du Col Vieux (2738 m.) qui donne sur la vallée de Fontgillarde, à un kilo-

Lac Foréant et Col Vieux

mètre à peine du Col Agnel sensiblement à la même hauteur.

De l'arête herbeuse du Col Vieux on gravit sans efforts la Petite Aiguillette (3216 m.), mais si l'amour du pittoresque et de l'inédit vous conduit à l'assaut du Pic d'Asti, on y trouve de sérieuses difficultés. Son premier vainqueur, M. Paul Guillemin, après avoir le 1ᵉʳ septembre 1878 franchi la Brèche de Ruines et traversé les petits glaciers qui en tapissent le flanc Nord, dut venir aborder son arête Sud, toute branlante et déchiquetée, et ce trajet inconfortable est demeuré le seul accès connu de cette cime rébarbative.

Les eaux sont toujours le facteur des plus gracieux paysages ; qu'elles se projettent en cascades, se brisent en rapides ou miroitent en lacs, elles apportent un élément de beauté qui s'harmonise délicieusement avec la verdure des forêts ou avec l'austérité des rocs. Si bien doué par la nature, le Queyras n'en pouvait manquer, et si nous n'avons pas eu à y signaler de bien puissantes gerbes, nous y avons rencontré en grand nombre les jolis petits lacs qui charment et reposent les yeux.

L'un des plus vantés de notre région est le petit lac de Lestio, source du Guil. A la base d'un épaulement de la Punta Gastaldi une sorte de terrasse marque, comme dans presque toute cette région, la

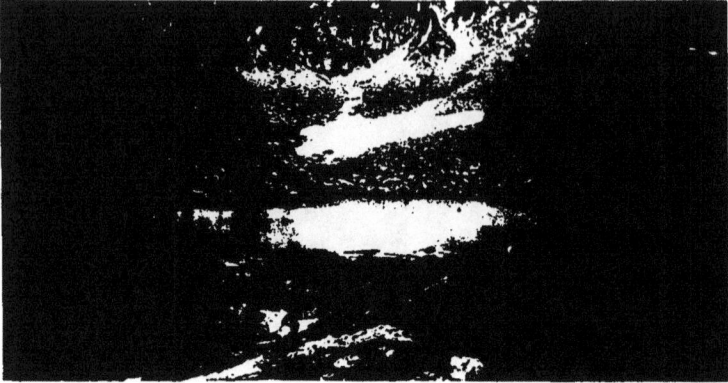

Lac de Lestio

fin des pâturages et le commencement du royaume des pierres. Cette terrasse se déprime en un berceau où se rassemblent les eaux filtrées par les éboulis, et il s'y forme un lac aux contours irréguliers et aux eaux d'une pureté incomparable. Sur les pelouses qui l'entourent croit à l'envi cette admirable flore qui a fait parmi les botanistes du monde entier la renommée du vallon du Haut Guil, et qu'ils synthétisent sous le nom de flore du Viso. L'heureux mélange qui s'y forme de l'atmosphère méridionale et de l'atmosphère alpine y favorise la venue et la croissance de plantes que l'on ne trouve que dans des stations fort lointaines.

On ne manque pas non plus à Abriès d'aller faire visite au lac de Malrif, que par tautologie on désigne généralement dans le pays sous le nom de Grand lac du Laus de Malrif.

Le vallon de Malrif est un tributaire de la rive droite du Guil,

Vue du Col Agnel

intermédiaire entre le val- 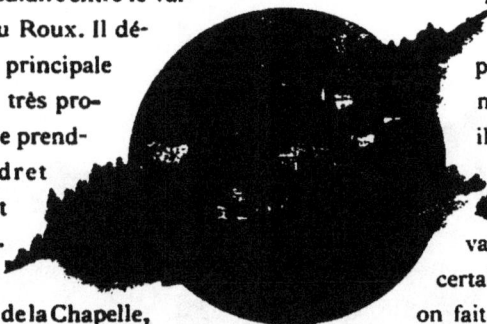 lon de Péas et
celui du Roux. Il dé- bouche sur la
vallée principale par un dénivel-
lement très pro- noncé, aussi son
accès se prend- il généralement
de l'Adret d'Abriès.
On suit le chemin
du Cal- vaire, puis arrivé
à une certaine hauteur au-
dessus de la Chapelle, on fait un grand trajet
horizontal pour rejoindre   Malrif   l'entrée du vallon de Malrif.

On y trouve un pauvre village, quelques chalets groupés autour d'une petite église, et, signe éloquent de la dépopulation de la montagne, ces chalets ne sont plus habités que l'été. Le vallon de Malrif est un des plus déboisés du Queyras et ce n'est que sur son flanc droit que se trouve encore un petit bois de mélèzes. L'immense conque qui se développe au-dessus du premier étranglement est toute tapissée de pâturages qui luttent péniblement contre l'envahissement des éboulis.

Dans cette conque un chemin muletier bien tracé serpente par de très longs détours pour s'élever jusqu'à l'arête du Col de Malrif (2890 m.) qui conduit au vallon de Cervières et de là à Briançon.

Au Sud-Ouest du col, dans une sorte de godet entouré de verdure, les eaux qui ruissellent de la Montagne du Lombard et de la

Grand Lac du Laus de Malrif

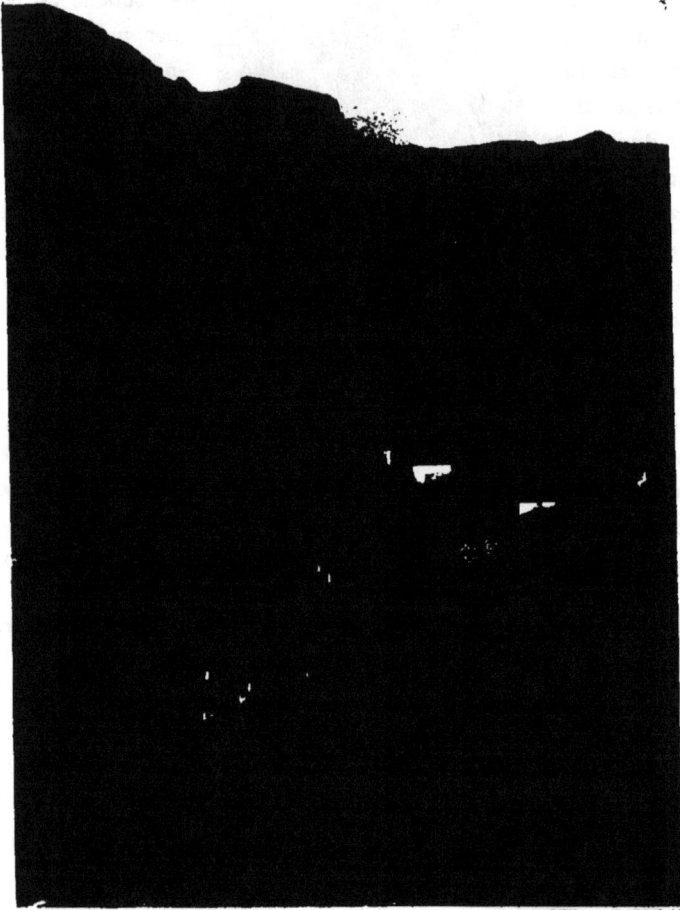

Village de Malrif

Crête aux Eaux Pendantes forment un grand amas bien tranquille où le vent vient rarement rider la surface du miroir. De la berge assez étroite qui retient le lac on jouit d'un admirable coup-d'œil sur toute la partie supérieure du Queyras, et comme malgré l'élévation

Panorama Sud du pic
de Malrif. Le Lac

de 2600 mètres envi-
ron les mulets arrivent jusque-là,
c'est un lieu de pique-nique assez fréquenté par les joyeux habitants
d'Aiguilles, comme par les pensionnaires d'Abriès.

De même qu'au fond du Guil, les hautes pentes de Malrif et les
rives du lac sont un but apprécié d'excursions pour les botanistes.
M. de la Perraudière y a découvert le *Scirpus alpinus*, et l'on y
recueille en grand nombre le *Geum reptans*, le *Galium tenue*, l'*Artemisia glacialis*, l'*Artemisia spicata*, l'*Androsace glacialis*, etc.

Par l'arête du Col de Malrif si commodément atteinte, Abriès
est plus encore que Cervières le point de départ de l'ascension du
Grand Glaisa ou du petit Pic de Rochebrune (3083 m.) et cette vallée,
peu séduisante d'ailleurs, vient encore s'ajouter à toutes celles qui
rayonnent autour de ce centre privilégié.

Si, comme il en est question depuis quelque temps, un tunnel
venait à s'ouvrir sous le col de la Croix pour mettre plus rapidement
par la vallée du Pellice la Haute Italie en communication avec le
Sud de la France, Abriès, grâce à sa merveilleuse position, deviendrait un centre estival de premier ordre. A défaut de cette facilité
spéciale, il pourra prendre un essor considérable quand, la nouvelle

Pic du Petit Rochebrune

route achevée, il sera relié à la gare de Mont Dauphin Guillestre par un service d'automobiles. Quel enchantement ce sera quand la distance de Guillestre à Abriès pourra être couverte en une heure et demie ou deux heures, et quelle merveille quand les magiques tableaux qui s'y succèdent se dérouleront pressés sous les yeux éblouis! Ce ne sera alors qu'un jeu d'y aller et venir, et les hôtels ne pourront plus suffire aux visiteurs.

La Combe est toujours aussi belle, mais pour le moment la voiture la fait apprécier pendant plus de cinq heures, et pour nos contemporains impatients, c'est une épreuve que l'on ne veut pas renouveler trop souvent.

Mont Viso et Visolotto

X

Le Mont Viso.

Son histoire. — Ses ascensions. — La voie glorieuse. — Le Refuge Quintino Sella. — Les horizons sublimes.

————

Le Queyras est un pays de France et le Viso, de l'autre côté de la frontière, est tout entier en Italie. Il ne fait donc pas partie du Queyras, mais il domine si bien la haute vallée du Guil, il la complète si heureusement qu'on ne saurait l'en détacher. Il a du reste, ce beau Mont Viso, deux courants bien distincts de visiteurs, le courant italien dont le passage s'est concentré sur Crissolo, et le

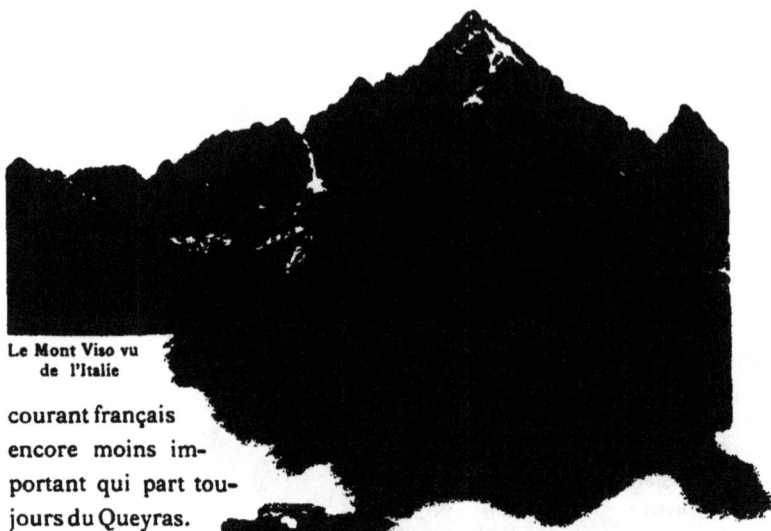

Le Mont Viso vu
de l'Italie

courant français
encore moins im-
portant qui part tou-
jours du Queyras.

Ce n'est pas à la face si imposante qu'il présente
de notre vallée que le Viso a dû son ancienne renommée. Les replis
montagneux des Alpes étaient jadis trop peu fréquentés par les oracles
de l'opinion publique, et quant aux montagnards qui l'avaient sous
les yeux, appesantis par l'habitude, ils n'y prenaient pas garde. C'est
des plaines du Pô qu'était né pour sa svelte pyramide l'enthousiasme
des lettrés et le *Pinifer Vesulus* avait été chanté par Virgile.

Chanté, mais non accédé : les Romains n'étaient pas alpinistes.
Mais il n'est pas besoin d'atteindre l'extrême pointe d'une montagne
pour la chanter, et en 1897, *La Revue Alpine Lyonnaise* exhumait le
récit en vers d'une ancienne ascension (du 3o août 1786, par Houdan-
Deslandes) qui n'avait pas dépassé le col Valante.

C'est dans la seconde moitié du XIXᵉ siècle que vint au monde
l'entreprenante tribu des grimpeurs, et que les montagnes les plus
hautes et les plus fières durent subir le déflorant contact du pied de
l'homme. Le Grand Mont Viso, avec sa superbe allure, avec l'attrac-

Au bas du Val des Forciolline

tion qu'il exerce sur ceux qui le contemplent, ne pouvait échapper au vertige des cimes, et son sommet, jusqu'où les plus aventureux chasseurs de chamois ne s'étaient jamais risqués, reçut le 30 août 1861 la visite des alpinistes anglais W. Mathews et T. W. Jacomb, conduits par les célèbres guides J. B. et Michel Croz.

L'année suivante, un autre grimpeur anglais, M. Tuckett, poussait l'irrévérence jusqu'à passer la nuit du 4 au 5 juillet sur la crête même du Viso ; et en 1863 (14 août) l'ascension qui en était faite par MM. Quintino Sella, Paolo et Giacinto de St-Robert et Baracco devenait un événement historique, car elle donnait naissance au Club Alpin Italien.

Pendant longtemps on suivit l'itinéraire adopté par Michel Croz qui avait tout simplement remonté le cours de l'eau pour atteindre la cime du colosse. Partant de Castel-Delfino dans le Val Varaita, on prenait le chemin bien connu du Col Valante jusqu'à la base

Ancien Refuge Quintino Sella

du vallon des Forciolline ; on remontait alors ce vallon au travers des éboulis et des rocs, surtout sur sa rive droite, on bivouaquait au-dessus des lacs des Forciolline, et de là on gravissait le glacier et les pentes fragmentées qui le dominent.

Reconnaissant envers la belle cime qui avait vu son éclosion, le Club Alpin Italien en favorisait la fréquentation par la construction d'un Refuge plusieurs fois déplacé et amélioré, qu'il désignait par le nom de son père et premier président, l'illustre homme d'Etat Quintino Sella. Puis bientôt les guides et les grimpeurs italiens perfectionnaient la voie d'ascension qui se concentrait sur le vallon et le col des Sagnettes, et le courant toujours grossi des visiteurs du Viso, afin d'éviter les difficultés du val des Forciolline, délaissait Castel-Delfino pour Crissolo et le Pian del Re.

La première ascension française, exécutée par quatre vaillants lyonnais, Montaland, Sestier et les deux frères Benoist, le 21 août

Versant Italien du Col Valante

1875, emprunta le premier chemin connu et remonta les Forciolline au départ de Castel-Delfino. Mais l'accès ouvert par leurs prédécesseurs ne devait pas suffire longtemps aux adeptes du jeune Club Alpin Français. L'un des plus ardents néophytes qui s'était voué principalement à l'exploration des montagnes du Briançonnais et du Queyras revendiqua pour ce dernier la route du Viso.

Déjà le Haut-Guil pouvait être un départ, puisqu'il suffisait de suivre l'inverse de l'itinéraire des Lyonnais, de monter au col Valante et de descendre sa vallée jusqu'à l'entrée des Forciolline. De même par le Col de la Traversette on pouvait gagner Pian del Re et rejoindre le nouveau chemin du Col des Sagnettes. Mais il fallait plus encore à Paul Guillemin.

Le 12 Septembre 1876 il cherchait à forcer, avant l'ouverture du val, la barrière qui encaisse les Forciolline et par un nouveau col

qu'il avait appelé Col des Lacs il vint rejoindre le Refuge Quintino
Sella pour achever l'ascension par le trajet habituel. Ce premier

Le Viso de Valante

succès l'enhardit. Il avait scruté avec attention la formidable muraille
de mille mètres d'élévation qui du haut du vallon de Valante s'élève
jusqu'à la cime (3843 m.), et l'entreprise, pour difficile qu'on
pouvait la concevoir, ne lui avait pas paru au-dessus de ses forces.

Dès l'année suivante il venait à l'assaut. Il avait eu la bonne fortune de rencontrer un compagnon idéal, doux rêveur à l'âme intrépide, Salvador de Quatrefages, et il avait fasciné un chasseur de chamois de la Grave, Emile Pic, qui l'eût suivi aux Montagnes de la Lune. Il fallait cette admirable cohorte pour venir à bout d'une telle entreprise.

Le 9 septembre 1877 ils gravissaient heureusement les murailles inférieures et atteignaient le glacier du Triangle. Ce pouvait être le succès, mais la farouche montagne se défend par ses intempéries. Enveloppés par un orage subit, les grimpeurs sont obligés de se résigner sur place à un effroyable bivouac, et le lendemain la muraille était tellement garnie de glaces et de verglas que le retour qui s'imposait fut un miracle d'adresse et d'endurance, et ne put les préserver d'un second bivouac, rendu plus pénible que le premier par l'épuisement de leurs forces et de leurs provisions.

Paul Guillemin

Ce glorieux échec ne les avait point découragés, et l'année 1878 les voyait revenir à la charge. Le 25 août ils s'élevaient directement au-dessus du Col Valante, exploraient les abords du Visolotto, puis après un trajet en pleine muraille gravissaient la terrible pente du Glacier en Triangle, quand ils sont arrêtés par la défaillance d'un collaborateur occasionnel. Cet incident les obligeait à camper à près de 3700 m. et pendant la nuit une affreuse tempête s'étant abattue sur eux, la retraite le lendemain était encore plus difficile que l'année précédente.

Le beau temps paraissant rétabli, ils remontent le 29 août au glacier, et sont encore repoussés par la tourmente.

Le 2 septembre, malgré un état peu favorable de la montagne, ils parvenaient au sommet du glacier, à plus de 3800 m. Mais cette fois ce n'est pas seulement la pluie et la tempête, c'est la foudre qui vient troubler leur bivouac, et le lendemain, la neige fraîche leur faisait courir de tels dangers que la descente ne s'achevait qu'à la fin de la seconde nuit.

Le duel ainsi engagé ne pouvait se terminer que par la mort des alpinistes ou la défaite de la montagne. La merveilleuse ténacité de l'homme l'emporta, et l'expérience de leurs premières tentatives prépara le succès de MM. Paul Guillemin et de Quatrefages. Le 12 août 1879, partant d'un bivouac au-dessus du Col Valante ils atteignaient enfin à cinq heures et demie du soir la cime convoitée, et ouvraient le premier chemin direct du Queyras au sommet du Viso.

Depuis lors de nombreuses ascensions ont suivi celle-là et les principaux alpinistes sont venus sillonner la grandiose muraille Nord. Mais les difficultés y sont telles que chaque caravane s'est tracé un nouveau passage, tachant d'éviter les embarras des autres et s'en préparant de nouveaux. Malgré les considérables progrès réalisés dans l'art de grimper l'escalade du Viso par le versant Nord, que l'on appelle parfois improprement le versant français, est demeurée une très sérieuse entreprise.

Guide Claudio Perotti
dit le Portier du Viso

Il a donc fallu, en dépit de cette admirable performance, que les grimpeurs ordinaires s'accommodassent du trajet par le versant Sud, et il est aujourd'hui peu d'estivants d'Abriès qui ne couronnent leur séjour par un pélerinage à la cime superbe : c'est une attraction que l'on subit de tous les belvédères que l'on visite

Porteur Rei

15

Le Viso et le Visolotto, vus de la Pointe Joanne

autour du Haut-Guil, et à laquelle on finit toujours par succomber. Il est du reste peu d'excursions en montagne qui vous révèle une telle succession de tableaux charmants et grandioses, qui accumule des contrastes aussi variés et aussi changeants.

On peut partir du Refuge Ballif-Viso, comme en s'aidant d'une voiture jusqu'à la fin de la route et d'un mulet on peut partir d'Abriès même.

Parvenu en une demi-heure ou en quatre heures à la bergerie du Grand Vallon (2400 m. env.), on voit s'ouvrir devant soi un vaste cirque de pierres, un entassement de blocs écroulés que surmonte une fine dentelure de rochers. Ce paysage sauvage et plein d'âpreté pénètre comme un golfe dans l'ossature de la montagne, mais un chemin large et bien tracé, tout récemment débarrassé de l'étreinte

L'Albergo de Pian del Re et le Viso

des éboulis, permet d'y circuler sans peine et d'atteindre en une heure l'orifice occidental du tunnel de la Traversette. Au sortir de cette galerie de 75 m. de longueur on trouve une atmosphère plus chaude, une lumière plus vive, un aspect plus méridional dans un même cadre de pierres : on sent de suite qu'on est en Italie.

Un bon chemin muletier en lacets pressés vous amène bien vite à la bienfaisante Fontaine de l'Ordi, puis les zig-zags tracés au flanc de la montagne s'allongent, les gazons remplacent peu à peu les rocailles et on atteint en moins d'une heure un premier plateau, le Plan de l'Amait. De bons marcheurs peuvent de là par un sentier souvent problématique faire une marche de flanc au travers et au-dessus des têtes arrondies qui forment comme un piédestal à la crête, et longeant la base des Rocce-Fourioun, de la Punta Gastaldi et du

Le Vallon des Sagnettes

Visolotto, passer auprès des lacs Touzet et atteindre le Col dei Viso. Ceux qui veulent ménager leurs pieds et leurs chaussures continuent à suivre le chemin muletier qui en une heure encore les amène au second plateau où se dresse l'*Albergo Alpino de Pian del Re* (2000 m.)

On est ici en plein pâturage, dans un cirque verdoyant entouré de hauts rochers, et l'on y visite la source du Pô, abondante résurgence des lacs supérieurs qui jaillit au pied de l'éboulis.

Un large tracé, très fréquenté par la clientèle estivale de l'Albergo Alpino, succursale de l'un des Hôtels de Crissolo, vous fait regagner

Source du Pô

un degré et vous amène aux bords du gracieux Lago Fio-
renza. Là commence un sentier austère qui par le Lago
Chiaretto, quelques névés et quelques pentes de boues
glaciaires, ultimes témoins des anciens glaciers de
cette face, conduit en trois heures au Col dei
Viso (2675 m.), large et belle échancrure
ouverte entre le Grand Mont Viso et son
contrefort le Viso
Mozzo (3018 m.).

A vos yeux ap-
paraît alors s'allon-
geant vers le Sud le
vallon des Sagnet-
tes, et au premier
plan les eaux
sombres du
Lago Grande.
Sur la berge
orientale
du lac,
une
grande
construction
en maçonnerie

Le Refuge Quintino Sella

à deux étages vous
présente l'hôtellerie que
sous le nom de Nou-
veau Refuge Quintino
Sella le Club Alpin
Italien a aménagé
pour ses hôtes à
2650 m. d'alt.

La lumière
du matin souligne d'un trait vivace cet étrange vallon des Sagnettes,
long berceau de pierres où les eaux de la montagne s'amassent en
petits lacs, en marais, en sagnes, environnés d'un essai de gazons, et
que domine au haut d'interminables casses un long escarpement
de rochers déchiquetés.

Il faut monter par ces casses, il faut gravir la roche à une de ses
dépressions, nommée le *Passo delle Sagnette* (2975 m.), pour parvenir
sur le versant Sud, le cœur, le point vulnérable du massif. Le spectacle
qui s'offre alors à vos yeux est d'une étrangeté saisissante. En arrière,

à l'Est, vous voyez s'abaisser et s'étaler tous les gradins de la montagne jusqu'à Oncino, à Paesana, à Saluces, et au-delà des derniers
soubassements du relief, la vue peut s'étendre sur la plantureuse
campagne de la vallée du Pô, et jusqu'aux contreforts des Apennins.
En avant, à l'Ouest, vous planez sur cette région fracassée qu'est le
vallon des Forciolline, vous en voyez les lacs, puis vous scrutez aussi
le glacier du Viso et les murailles rocheuses qui le dominent et vont
vous conduire à la cime.

En moins d'une heure, suivant une trace que les pieds de
nombreux ascensionnistes ont imprimée sur les pierres, on rejoint
auprès de l'ancien Refuge Quintino Sella (3000 m.) le chemin des
premiers grimpeurs, et alors après une traversée de glacier assez
courte et facile, c'est l'escalade du roc qui se poursuit par des
cheminées, par des vires, au-dessus de l'abîme qui va sans cesse
grandissant à mesure que l'on s'élève. Une sorte de fièvre généreuse
s'empare de l'ascensionniste qui, corps à corps avec la montagne,
lutte de toutes ses forces pour la victoire. Deux heures passent comme
un rêve, et subitement on voit jaillir devant soi la grande

Le Vallon des Forciolline, vu du Passo delle Sagnette

Les sommets du Viso, vus de l'Ancien Refuge

croix de fer et les stèles de bronze que la piété des montagnards a
hissées sur le point terminal.

L'émotion que l'on ressent à cette vue convertirait peut-être bien
des incrédules. Oui, elles sont à leur place, là, en face d'une des
plus grandioses manifestations de la nature, les consolantes effigies
de la Mère de Dieu et du Christ, Sauveur des Hommes ! et quand on
pense aux incroyables efforts que durent faire les guides de Crissolo
pour amener ces masses sur cette vertigineuse cime, quand on
évoque le souvenir de la messe, unique sans doute, que le vénérable
curé de Crissolo, don Lanternino, vint dire en ce lieu le 28 Juillet 1892
pour les consacrer, on reconnaît la vérité de cette parole : La foi
transporte les montagnes.

C'est là que l'on connait dans toute sa sublime puissance la
divine ivresse des cimes. Aussi loin que la vision peut s'étendre, dans
tous les sens, la terre alpine se présente à vos regards. A l'Est, c'est
plus étendue encore la vue déjà contemplée du Passo delle Sagnette.

Au Sud, c'est toute la chaîne frontière qui se montre en raccourci, la Tête des Etoiles, le Grand Rubren, la Tête de Moïse, puis toutes les dentelures des Alpes Maritimes, et là-bas, par les plus beaux jours, le miroitement de la Méditerranée. A l'Ouest, c'est un moutonnement de cimes et de vallées, et au Nord, les yeux plongent sur ce long corridor du Haut Guil, où le torrent se déroule comme un ruban d'argent.

Quelle merveille et quelle joie! et comme on est payé de ses fatigues! Il faudrait pouvoir passer de longues heures dans cette contemplation et c'est là que l'on comprend tout le raffinement qu'une endurance et un entraînement exceptionnels permirent à Tuckett passant la nuit en face de ce prestigieux spectacle. Quelles émotions n'éveillerait pas dans l'âme la mystérieuse lumière de la lune épandue sur ces rocs et ces vallées, sur ce monde épars à vos pieds!

Mais il faut redescendre! on regagne, avec cette tristesse des fins de rêve, l'hospitalier Refuge, et après une bonne nuit on peut en achevant le tour du Viso rentrer en Queyras par le Col Valante.

C'est la clôture, car rien ne peut prévaloir sur la beauté majestueuse, sur les vivifiantes émotions de cette ascension, et, sur une inoubliable impression, on peut, l'âme épurée et rajeunie, rentrer dans la vie banale et reprendre la monotone besogne : on a entrevu l'Idéal.

Au sommet du Mont-Viso

TABLE DES MATIÈRES

ILLUSTRATION ET IMPRESSION

DE LA

SOCIÉTÉ ANONYME DES ARTS GRAPHIQUES

GENÈVE

————————

RELEVÉS PHOTOGRAPHIQUES

DE

M. HENRI FERRAND, A GRENOBLE